Reflexiones De Un Hombre

MR. AMARI SOUL

Reflexiones De Un Hombre

Black Castle Media Group

Primera Edición

Traducción al Español por: The Spanish Group

Traducción al Español supervisada por: Maria Diaz (BCMG)

Edición en Inglés Copyright ©2015

Diseño de portada por: BCMG Studios

Fotografía de portada por: Brandon Harris Photography

Se han solicitado los datos de catalogación en publicación de la Biblioteca del Congreso.

Version de tapa suave (Español)	ISBN 978-0-9861647-4-3
Versión Kindle (Español)	ISBN 978-0-9861647-5-0
Versión EPUB (Español)	ISBN 978-0-9861647-6-7
Versión de tapa suave (Inglés)	ISBN 978-0-9861647-0-5

Este libro está dedicado a mi madre.

Mi mejor ejemplo de lo que es una buena mujer.

CONTENIDO

CAPÍTULOS

PARTE II - PARA ÉL

PARTE III - PARA AMBOS

PARTE IV - MI COLECCIÓN PRIVADA

www.mramarisoul.com
www.facebook.com/mr.amarisoulespanol
www.instagram.com/mr.amarisoulespanol
www.twitter.com/mramarisoulesp
www.pinterest.com/mramarisoulespanol

Introducción

Gracias por comprar "Reflexiones De Un Hombre". Espero que este libro sea usado tanto por hombres como por mujeres para mejorar la calidad de sus relaciones personales.

Para las mujeres, espero que este libro te anime a reconocer el verdadero valor de tu amor, a reevaluar tus estándares y a tomar la decisión de ya no conformarte por nada menos que alguien que te ame, que te respete y que te haga verdaderamente feliz.

Para los hombres, espero que este libro no sólo te anime a querer aprender más sobre las necesidades emocionales de una mujer, sino que te proporcione información clara sobre lo que una mujer verdaderamente necesita de ti, emocionalmente, para ser feliz.

Creo que este libro crea una verdadera situación en la que tanto los hombres como las mujeres salimos ganando. Por una parte, las mujeres obtienen una nueva perspectiva sobre el verdadero valor de su amor, elevan sus estándares y se rehúsan a conformarse. Por el otro lado, los hombres se equipan mejor no sólo para entender las necesidades emocionales de una mujer, sino que también son más capaces de cumplir o exceder sus nuevos estándares.

-Mr. Amari Soul

Parte I
Para Ti

CAPÍTULO

Uno

HECHOS SOBRE LOS HOMBRES

"No hay tal cosa como un hombre hecho a sí mismo, es sólo un ejemplo de un hombre demasiado atrapado en sí mismo para mirar a su alrededor y reconocer la fortaleza de la mujer que está parada a su lado".

Lo Que Saben Los Hombres

"La mayoría de los hombres saben exactamente qué se necesita para hacer feliz a su mujer. Lo que pasa es que ellos son demasiado necios, egoístas o perezosos para hacerlo".

Creo que la mayoría de las mujeres, que han estado con su hombre por un tiempo razonable quieren que su hombre sepa exactamente qué es lo que necesita hacer para hacerlas felices. Tú das pistas disimuladamente, tú lo dices directamente y, si no lo haces, aún puede detectarse por medio de tus acciones y reacciones. Entonces, en la mayoría de los casos, él debería saberlo. Si él lo sabe y aun así no lo hace, probablemente es debido a una de las razones mencionadas anteriormente. Si después de todo este tiempo él aún no lo sabe, simplemente es porque no te ha estado prestando atención.

El Ego De Un Hombre

*"¿Qué es más frágil que el corazón de una mujer?
El ego de un hombre".*

Déjame explicar. Cuando acabas de conocer a un hombre y él te miente sobre sus finanzas o sobre su relación actual, lo está haciendo para proteger su ego. Ya ves, en ese momento, él ha decidido que está interesado en ti, pero sus inseguridades le están diciendo que tú no lo aceptarás por quién es o por lo que es. Entonces, él crea una ilusión de la persona que él cree que a ti te gustaría que él fuera, para así poder reducir la probabilidad de ser rechazado. Sin embargo, cuando analizas mejor las cosas, el rechazo no es lo único a lo que él le tiene miedo. A lo que más le tiene miedo es al sentimiento causado por el rechazo y a cómo ese sentimiento afecta su ego. Ese es su peor miedo.

A fin de cuentas, algunos hombres estarían dispuestos a hacer cualquier cosa para proteger sus egos, y esto podría incluir mentirte, engañarte y hasta romper tu corazón.

Cuando Actúa Diferente Frente A Sus Amigos

"Si él cambia la forma en la que te trata cuando está con sus amigos, es porque no les ha estado diciendo la verdad a ellos o no te ha estado diciendo la verdad a ti".

El amor verdadero es consistente, sin importar la situación o el ambiente. Si él te ama de verdad, sus acciones deberían mostrarlo, sin importar si están solos, en público o si están con sus amigos. De hecho, cuando él está con sus amigos, debería sentirse orgulloso por el simple hecho de que tú estás allí con él. Si él no se siente orgulloso, esto podría significar que a él le importa más impresionar a sus amigos que tus sentimientos. También es posible que él les haya estado mintiendo a ellos sobre sus sentimientos hacia ti o que tal vez te ha estado mintiendo a ti.

Si Él No Te Incluye

"El hombre que no te incluye cuando habla sobre su futuro, no está prestando atención o no te ve como parte de su futuro".

Algunas veces, la mejor forma de obtener una respuesta honesta es no hacer la pregunta directamente, sino hacerla indirectamente. Si has estado con tu pareja por un tiempo razonable, y no estás segura de cuáles son sus intenciones sobre tu futuro, hazle la siguiente pregunta: si pudieras hacer un dibujo de cómo será tu vida en cinco años, ¿cómo sería el dibujo?

Entonces él debería comenzar a describirte, en su imaginación, cómo se imagina que su vida se verá en cinco años. Notarás que te hablará sobre todas las cosas que son su enfoque principal; esperarías que tú y la relación fueran uno de ellos. Presta especial atención a qué tan a menudo usa la palabra "yo" en lugar de "nosotros".

Al final de la conversación, tú deberías tener una muy buena idea de dónde se encuentra tu relación. Lo mejor de todo es que lo más probable es que él ni siquiera se dé cuenta de que respondió a la gran pregunta que tú ni siquiera le preguntaste.

Título De La Relación: "Mi Principal"

"Contrario a la creencia popular, esto no es un cumplido".

Si él dice que eres su "principal", eso no es un cumplido. Básicamente, él está diciendo que no eres la única. Nueve de cada diez veces, si él dice que eres su "principal", él también le ha dado el mismo título a las otras mujeres con quienes está saliendo.

En resumen, "mi principal" es una forma cortés de decirte que le gustas lo suficiente como para acostarse contigo, pero no lo suficiente como para comprometerse contigo.

La Profecía Autocumplida

"Algunos hombres se han convencido a sí mismos de que una buena mujer no existe, que inconscientemente arruinarán una relación con una buena mujer, sólo para demostrar que tienen la razón".

Si sus expectativas negativas sobre ti son lo suficientemente fuertes, esos sentimientos comenzarán a manifestarse en sus acciones. Eventualmente, esto causará que su forma de actuar aumente la probabilidad de que esas expectativas negativas se cumplan.

¿Está Realmente Dispuesto A Esperar?

"Cuando un hombre dice que está dispuesto a esperar hasta que tú estés lista, no significa necesariamente que esté dispuesto a esperar".

Aquí es cuando las cosas cambian. Para ser justos, algunos hombres sí cumplirán con lo que han dicho y no tendrán relaciones sexuales con nadie más durante este "período de espera". Sin embargo, aquí no estamos hablando de esos hombres. Los hombres de los que estoy hablando tienen un plan diferente en mente. Lo que planean hacer es exactamente lo que dijeron que harían: "Esperar hasta que estés lista". El problema es que la "espera" está relacionada directamente contigo y sólo contigo, no con nadie más. En breve, él ha aceptado no presionarte, lo que hace que gane puntos contigo al parecer que él no está buscando una sola cosa.

En tu mente, durante los próximos meses, estás pensando que él realmente está interesado en ti cuando, de hecho, él está esperando su momento hasta que estés lista para darle lo que quiere. Mientras tanto, él está con alguien más que está satisfaciendo todas las necesidades que tú has decidido no satisfacer. Verás, para él es fácil decir que no necesita cenar, ya que ha estado comiendo todo el día.

Así que no te dejes engañar. Cuando un hombre te dice que está dispuesto a "esperar", aclara lo que significa y pídele que cumpla con su palabra. También, durante el período de espera, mantén los ojos abiertos para detectar cualquier cambio en su patrón de comportamiento. Cosas como que no llegue a verte o que no te llame tan a menudo deberían llamarte la atención. Además, si desaparece por horas a la vez y usa excusas como "olvidé mi teléfono" o "mi teléfono se quedó sin batería", esto debería ser una señal de alarma.

Por sobre todas las cosas, cree en tu intuición, ya que esta te dirá lo que necesitas escuchar y no necesariamente lo que quieres escuchar.

¿Se Está Quejando Sobre Tus Estándares?

"Cuando un hombre se queja de que tus estándares son demasiado altos, normalmente es porque está acostumbrado a tratar con mujeres que no tienen ninguno".

Algunos hombres se han acostumbrado tanto a tratar con mujeres que no tienen estándares, que una vez que conocen a una mujer que sí tiene estándares, no saben cómo hacer los ajustes necesarios. En lugar de elevar su nivel de desempeño, ellos se quejan, con la esperanza de que disminuyas tus estándares, lo que les facilita la apariencia de ser buenos para ti.

¡Mi consejo es que nunca debes bajar tus estándares para acomodar a ningún hombre! Si él no es capaz de cumplir o exceder los estándares que tú has establecido, probablemente él no sea el hombre adecuado para ti.

Contacto Visual

*"Un hombre que no te mira a los ojos, no está
interesado en cómo tú actualmente te sientes con la
conversación, tiene problemas de confianza en
sí mismo o está escondiendo algo de ti".*

El contacto visual para un hombre es muy importante. Es una de las formas en las que nosotros nos establecemos durante nuestras interacciones, es cómo transmitimos una sinceridad y seriedad que no pueden expresarse de ninguna otra forma. Entonces, que un hombre evite el contacto visual simplemente va en contra de nuestra naturaleza. Solo puedo pensar en algunas razones por las que un hombre podría evitar el contacto visual: (1) él te está ignorando, (2) tiene problemas de confianza en sí mismo, (3) está escondiéndote algo o (4) simplemente te está mintiendo. De cualquier manera, ninguna de estas cualidades es buena para tu relación.

El Código De Cuatro Dígitos

"Las respuestas a todas tus preguntas no están protegidas por sus mentiras, sino por una pequeña pantalla de cristal y un código de 4 dígitos".

Voy a decirlo directamente. Ya sé, recibirás el viejo discurso que dice: "Si tú confiaras en mí, no necesitarías revisar mi teléfono". Ya he pasado por eso, lo he hecho y funcionó de maravilla.

Ese comentario está diseñado para hacerte sentir culpable si le pides que confirme algo que no debería ser difícil de confirmar en primer lugar.

En una relación, ustedes dos deberían estar en la misma página. Si no puedes ver lo que él ve y si él no puede ver lo que tú ves, es probable que ustedes dos no estén en la misma página. Para ser honestos, ¡es posible que ustedes dos ni siquiera estén en el mismo libro!

También, déjame decirte esto: si ustedes pueden compartir la misma casa, la misma cama y la misma cuenta bancaria, ¿por qué él no puede compartir sus contraseñas?

Un Ultimátum Casi Nunca Funciona

"Cuando un hombre te dice que no está listo para comprometerse, créele la primera vez. No puedes convencerlo de que está listo. Sólo estarás engañándote a ti misma".

S i alguna vez estás en la siguiente situación, detente por un minuto y piensa...

Estás saliendo con un hombre y quieres que las cosas pasen al siguiente nivel (compromiso). Sin embargo, él dice que aún no está listo. Entonces, le dices que te irás si él no se puede comprometer. Ten cuidado si él te dice de inmediato: "Está bien, estoy listo para comprometerme". Él aún no está listo para hacerlo; es sólo que no quiere perderte o verte comprometida con alguien más.

Debes tener cuidado cuando un hombre esté de acuerdo en comprometerse después de recibir un ultimátum. Él fue honesto al principio, pero ahora siente que te perderá si no dice lo que tú quieres escuchar. Ese no es el tipo de compromiso que quieres. Lo mejor es que él tome esa decisión porque eso es lo que quiere, y no porque se siente obligado a hacerlo.

A fin de cuentas, un ultimátum puede conseguirte lo que quieres a corto plazo, pero conforme el tiempo pasa, verás que él no puede mantener esa mentira para siempre. Lento pero seguro, comenzarás a darte cuenta de que es posible que hayas cambiado sus palabras, pero él nunca cambió de opinión... ¿y ahora qué?

Cuando Él Deja De Hacer Las Cosas Pequeñas

"Cuando te envía un mensaje, es porque está pensando en ti. Cuando te llama, es porque te extraña. Cuando te visita, es porque te desea. Cuando de repente deja de hacer todas esas cosas por ti, es porque las está haciendo por alguien más".

Su Miedo A Ser Lastimado

"Algunas veces, el problema no es que él no pueda darte amor. El problema radica en su incapacidad para soltar el miedo a ser lastimado el tiempo suficiente como para aceptar tu amor".

P iensa en esto por un momento: cuando tú das amor, tú controlas cómo te sientes al respecto; cuando recibes amor, esas emociones son más difíciles de controlar. Así es como descubres que te estás enamorando de alguien sin siquiera intentarlo.

Para algunos hombres está bien mientras estén dando amor, ya que así ellos pueden controlar ese sentimiento. Sin embargo, cuando tú comienzas a devolvérselo y él comienza a sentir que está perdiendo el control, algunas veces se alejará, ya que tiene miedo a salir lastimado. No es que tú no le importes, es sólo que le asusta tener esa sensación de ser vulnerable y de no tener el control de sus sentimientos.

Egoísta

Vs.

Hombre Desinteresado

"Un hombre egoísta preferirá que seas infeliz con él que verte feliz con alguien más. Sin embargo, el hombre que te ama desinteresadamente te dejará ir. No lo hará porque espera que regreses algún día, sino con la esperanza de que un hombre te encuentre y que sea todo lo que él no pudo ser".

NOTAS:

_____

_____

_____

_____

_____

_____

CAPÍTULO

Dos

EL HOMBRE
EQUIVOCADO

*Él podría ser un "buen hombre" y aun así no ser
el hombre "correcto" para ti.*

¿Cómo Es Que Alguien Tan Correcto Pueda Ser Tan Equivocado Para Mí?

"Él podría ser guapo con una sonrisa perfecta, con el trabajo adecuado y haciendo la cantidad correcta de dinero, pero si no te ama y respeta, él sigue siendo el hombre equivocado para ti".

Cuando decidas dedicarle tu tiempo a un hombre, asegúrate de hacerlo por las razones correctas. El hecho de que se vea bien o maneje un buen auto, no significa nada si no te respeta y te trata como si ni siquiera existieras. Debes ser capaz de ver más allá de las cosas superficiales y enfocarte en quién es en lugar de en qué es o qué cosas tiene. De lo contrario, podrías encontrarte con un hombre guapo que nunca está en casa y un armario completo, pero habría un lugar vacío en tu corazón donde debería estar su amor.

Hacerlo Esperar No Lo Hará En Un Mejor Hombre

"Si él no es el hombre correcto, poner una regla que diga que no tendrás relaciones sexuales con él antes de cierta cantidad de días no lo hará cambiar. Al final del período de espera, él aún será el mismo hombre equivocado".

Cuando él es el hombre equivocado, seguirá siendo el hombre equivocado: el tiempo no hará que cambie mágicamente. Lo único que estarías haciendo es posponer la decepción y angustia que son inevitables. Ahora bien, tampoco estoy diciendo que deberías apresurarte. Lo que quiero decir es que no hay una cantidad fija de tiempo que te permita determinar el valor de un hombre, ya que ese tiempo varía. Sin embargo, mientras más tiempo esperes, más tiempo tendrás para evaluar si él es alguien con quien deseas tomar el próximo paso.

Mis pensamientos: debes ser paciente y confiar en tu intuición. Será más fácil saber qué debes hacer si confías en lo que sientes, en lugar de basarte en qué fecha es. Lo único que debes saber es que no hay ninguna garantía y que, a final de cuentas, el tiempo no hará que cambie su forma de ser.

Un Hombre Que Sólo Recibe

"En una relación, nunca puedes darle lo suficiente a un hombre que está dispuesto a quitártelo todo".

A algunos hombres sólo les gusta tomar. Ellos no entienden que en una relación se debe dar y recibir... debe haber un equilibrio. Para estos hombres, siempre se trata de ellos. Tener que comprometerse, en el nombre de hacer avanzar la relación, es un concepto que no pueden comprender.

Este es el tipo de hombre que, después de haberlo hecho todo por él, aún llega a la puerta de la relación con la mano abierta esperando que le des más y luego tiene la osadía de intentar hacerte sentir mal cuando finalmente dices "¡basta!".

Cuando Él Quiere Que Cambies Quién Eres

"Cualquier hombre que te haga sentir que debes cambiar quién eres como persona para estar con él es un hombre que te dejará tan pronto como conozca a la mujer en quien está intentando convertirte".

Por lo general, la mayoría de los hombres ya tienen una idea de lo que buscan en una mujer desde el principio. En su mente, él ya tiene una idea de cómo ella debería verse y qué cualidades le gustaría que ella tuviera. Teniendo eso en mente, si él está tratando de cambiarte, ¿cuál es la probabilidad de que te deje si él alguna vez llega a conocer a alguien que encaja en esa foto que tiene en su mente?

Esto es algo en lo que debes pensar antes de entrar en ese tipo de situación.

En mi opinión, si él realmente te ama, te amará por la persona que eres, no por la persona que él quiere que seas.

Intenciones Cuestionables

"Necesitas un hombre que sea directo y honesto sobre sus intenciones desde el principio. El hombre correcto lo será, pero el hombre equivocado dejará que pasen meses o incluso años antes de reunir la valentía para decirte que no está listo para comprometerse".

La mayoría de los hombres saben cuáles son sus intenciones iniciales, incluso antes de que se acerquen a ti. Sus planes pueden cambiar conforme la relación progresa, pero, independientemente, generalmente tienen una idea de cuáles son sus intenciones iniciales desde el principio.

Cuando un hombre te sigue la corriente y te deja en la oscuridad, podría significar algunas cosas diferentes. Una de ellas es que no está seguro de si quiere lo mismo que tú en la relación. Eso hace que le dé miedo decirte que no está listo para comprometerse, ya que no quiere terminar la relación. O, es posible que sepa exactamente lo que quiere de la relación (como sexo, dinero, etc.), y sabe que tú no desperdiciarías tu tiempo con él si supieras cuáles son sus verdaderas intenciones.

De cualquier manera, si él no tiene el coraje para ser honesto contigo, esa falta de honestidad será lo que terminará decepcionándote y, en algunos casos, incluso te romperá el corazón.

Sus Inseguridades

"La única ocasión en la que un hombre siente que es necesario derribarte es cuando se siente inseguro. Debido a sus inseguridades y baja autoestima, él intenta hacerte sentir pequeña para que él se pueda sentir más grande".

Un hombre con inseguridades es muy difícil de tratar, especialmente para una mujer fuerte y ambiciosa. Es probable que él considere que todo lo que haces para mejorarte a ti misma es una amenaza para su hombría. Él es el tipo de hombre que te apoyará, pero sólo hasta cierto punto. Esto significa que él te apoyará siempre y cuando lo que estés haciendo no amenace de ninguna forma su estado. Si lo hace, empezarás a notar que su apoyo se convierte en abatimiento. El refuerzo positivo que alguna vez recibiste lentamente se convertirá en negatividad. Esto a menudo empezará con comentarios sutiles y se convertirá en ira y agresión hacia ti. Esto lo hace para intentar compensar sus propias inseguridades.

Verás, si tú comienzas a tener éxito, él pensará que está perdiendo su poder sobre ti. En su mente, es posible que empieces a pensar que no lo necesitas y que algún día decidas que no tienes por qué aguantar sus tonterías. Para asegurarse de que eso no suceda, él siente que tiene que mantenerte sintiéndote mentalmente como si no fueras nada sin él, ya que esto hará que sea más difícil que lo dejes y hará que sientas que dependes de él.

Hombres Abusivos

"Hay muchas cosas en este mundo a las que tú, como mujer, podrías tenerles miedo, pero tu hombre no debería ser una de esas cosas".

El hombre que te ama siempre asumirá el papel de tu protector, no de agresor. Sin embargo, los hombres violentos son como un cáncer para ti. Debes aprender a identificar este tipo de hombres para poder sacarlos pronto de tu vida. No importa si es abuso mental, físico o emocional, por favor entiende que su único objetivo es acabar contigo hasta que ya no quede nada.

Encuentra una forma de escapar tan pronto como sea posible. Mientras más tiempo permanezca él en tu vida, mayor será el riesgo de que no sobrevivas la batalla... literalmente.

Él Se Siente Con Derecho

*"Algunos hombres sienten que tienen derecho a todo...
como si les debieras algo. Cuando en realidad, ¡tú no le
debes nada! Él debe poner sus cosas en orden. Tú
puedes apoyarlo... incluso puedes ayudarle, pero, a
final de cuentas, es su responsabilidad, no la tuya".*

Aquí está mi anuncio de servicio público del día:
damas, ¡dejen de cargar a estos hombres! Está
bien apoyarlo e incluso ayudarle un poco: eso
es parte de estar en una relación. Sin embargo, sólo debe
hacerse hasta cierto punto. Después de eso, él tiene que
pararse en sus propios pies. Si tú le sirves de soporte por
mucho tiempo, ya no estás ayudándolo... estás hiriéndolo.

Hombres Con Pereza Emocional

"Sin importar lo que hagas, nunca persigas a un hombre. ¿Por qué? Porque esto hará que no se esfuerce en el aspecto sentimental, ya que sentirá como que no necesita hacer nada para satisfacer tus necesidades emocionales".

Piénsalo: si tú lo haces todo desde el principio, ¿cuál es su incentivo para hacer algo después de que inicien una relación? Al final, estarás asumiendo el papel de proactiva a lo largo de la relación porque a eso es a lo que él estará acostumbrado. Él no tendrá ningún motivo para cambiar porque ya le habrás demostrado que tú estás dispuesta a hacerlo todo y que él no necesita hacer nada.

Cuando Se Queja Porque Debe Hacer Cosas Que Te Hacen Feliz

"El hombre equivocado hará algo bueno por ti y se quejará todo el tiempo mientras lo hace. Entonces esperará a que seas feliz, sin darse cuenta de que su actitud lo arruinó todo".

Digamos que te encanta caminar por la playa, pero cada vez que te lleva, él se queja. Él cree que está quedando bien contigo, pero, de hecho, está dando una mala impresión. Tarde o temprano, dejarás de pedirle que vaya contigo. Es posible que él piense que finalmente te convenció de que caminar por la playa es aburrido, pero no es así. Aún te gusta caminar por la playa... aún quieres caminar por la playa... es sólo que ya no te interesa hacerlo con él.

En cambio, el hombre correcto lo hará porque desea hacerte feliz. Él no arruinará el momento con sus quejas insignificantes. A final de cuentas, él te está haciendo feliz y, en su mente, eso es lo importante.

Tú Podrías Estar Haciéndolo Todo Bien

"Tú podrías estar haciéndolo todo bien: trabajar, cocinar, limpiar, buen sexo... todo. Pero si lo estás haciendo por el hombre equivocado, eso aún no será suficiente para que se quede a tu lado".

Recuerda esto: no hay nada que puedas hacer para "conservar" a un buen hombre, y el hombre equivocado no vale la pena ser conservado. Entonces, es posible que te preguntes: "¿Qué tiene que hacer una mujer para conservar a un hombre?". La respuesta es... que debes olvidarte de la idea de que tienes el poder para conservarlo, y debes enfocarte en encontrar a un buen hombre que te ame y te respete lo suficiente como para querer quedarse: ese es el secreto.

Como verás, es posible que estés haciéndolo todo bien, pero si ese hombre no te ama ni te respeta, y si no aprecia lo que haces por él, tu esfuerzo será en vano.

NOTAS:

Menciona cuáles son las cualidades principales del hombre equivocado que son factores decisivos para ti.

_____

_____

_____

_____

_____

Ahora, menciona por qué no te has dado cuenta de esas cualidades o por qué las has tolerado en el pasado.

_____

_____

_____

_____

_____

Por último, escribe cómo te protegerás mejor en contra de esas cualidades en el futuro.

_____

_____

_____

_____

_____

CAPÍTULO

Tres

UN HOMBRE DÉBIL

"Un hombre débil se siente intimidado por una mujer fuerte. No es por lo que él cree que ella puede hacerle físicamente, más bien por lo que él sabe que ella no le dejará hacerle mental y emocionalmente".

Roto

"Cualquier hombre que intente romperte mentalmente ya está roto tanto mental como emocionalmente".

Un hombre seguro entiende que la fortaleza de una relación está basada en la unión y no en el individuo. Un hombre fuerte y una mujer fuerte pueden crear una unión fuerte. Si uno de los dos es débil, la relación se ve afectada.

En otras palabras, sería contraproducente intentar construir una relación con un hombre roto cuya intención sólo es destruirte.

Los Hombres Débiles No Son Capaces De Dejarte Sin Aliento

"Un hombre débil es incapaz de dejarte sin aliento.
¿Por qué? Porque él no tiene la fortaleza emocional
para levantar tu espíritu".

Cuando hablo de la verdadera fortaleza de un hombre, no estoy hablando de su fortaleza física, sino de su fortaleza mental, emocional y espiritual. Es allí donde reside el verdadero poder de un hombre. Cualquier hombre puede levantarte físicamente, pero sólo un hombre excepcional te levantará emocional y espiritualmente: eso es algo que un hombre débil no puede hacer.

CAPÍTULO
Cuatro
SECRETISMO VS. PRIVACIDAD

Su Derecho A La Privacidad

"Solo porque él tiene derecho a tener privacidad en la relación no significa que tenga derecho a guardar secretos de ti".

Entonces, la gran pregunta es cómo descubrir si él está guardando algún secreto sin invadir su privacidad. La respuesta es... no puedes. Vas a tener que cruzar la línea para obtener confirmación, y, en lo personal, no creo que haya nada de malo en confirmar la lealtad y la integridad de la persona a quien has entregado tu corazón. Todo lo demás lo confirmamos: reservaciones en hoteles, reservaciones para cenas, pagos, etc... Si no encuentras nada, entonces mucho mejor. La confirmación simplemente prueba o refuta lo que crees, de una forma u otra. He descubierto que las personas que confían fuertemente en el derecho a la "privacidad" a menudo son las que tienen más cosas que ocultar.

Dicho esto, también sé que algunas de ustedes no querrán cruzar esa línea porque eso las deja vulnerables también, y ustedes no están dispuestas a tomar dicho riesgo. ¿Por qué? Porque algunas de ustedes tienen sus propios secretos.

Sus Secretos

"Si él decide guardar un secreto pequeño de ti, eso podría tener el poder de arruinar toda tu relación. No necesariamente por el contenido del secreto, sino por las miles de mentiras que tendrá que decirte para seguirlo guardando".

Por Qué Está A La Defensiva

"Un hombre que no puede responder tus preguntas sin ponerse a la defensiva a menudo es un hombre que está ocultándote más cosas, y no solo la respuesta".

Alguna vez has hecho una pregunta para la cual su respuesta estaba tan a la defensiva que empezaste a pensar que algo estaba mal... ¿como si él te estuviera escondiendo algo? Si te ha pasado, probablemente estabas en lo correcto.

Cuando un hombre se pone a la defensiva, normalmente es porque tiene cargo de consciencia. Tu intuición femenina lo sentirá: está diseñada para eso.

Mis pensamientos... necesitas descubrir la verdad inmediatamente. No dejes que tu mente le gane a tu instinto o podrías terminar invirtiendo más meses o incluso años en alguien, sólo para descubrir que, a final de cuentas, fue una pérdida de tiempo.

Tienes Derecho A Saber

"El que hagas una pregunta no necesariamente significa que no confías en él. Hay algunas cosas que tienes derecho a saber por el simple hecho de estar en una relación".

No hay absolutamente nada de malo en que hagas una pregunta. Cualquier hombre que se moleste contigo solo por hacer una pregunta probablemente te está ocultando algo. Piénsalo. Si estás haciendo una pregunta para obtener una aclaración a un problema y la respuesta posiblemente podría evitar un malentendido o una discusión, ¿por qué no responder a la pregunta? El único motivo que se me viene a la mente es que él te está escondiendo algo.

Lo Que No Sabes

*La gente dice: "Ojos que no ven, corazón que no siente",
pero yo no estoy de acuerdo. Lo que los ojos no ven sí
puede lastimarte. Y, mientras más tiempo te tome
descubrirlo, más te dañará al final.*

Si sientes que algo está pasando, intenta descubrir la verdad rápidamente. No tengas miedo de hacer preguntas. Si intentas engañarte pensando que puedes ignorar las dudas, eso eventualmente empezará a comerte por dentro. Entonces tu felicidad se convertirá en pena y tu amor por él se convertirá en frustración y resentimiento. La pregunta no siempre es lo que te come por dentro, sino la idea de no tener la respuesta a esa pregunta.

NOTAS:

CAPÍTULO

Cinco

CONFIANZA

"Cuando la confianza se termina, todo lo demás
pronto se terminará".

Haz Que Se Lo Gane

"Sólo porque él se ganó tu confianza hoy, eso no
significa que sea incapaz de abusar de tu
confianza mañana".

La confianza no es una cosa de una sola vez: es un trabajo que está constantemente en progreso. Todos los días deberías reevaluar las cosas para ver si él merece tu confianza. Eso no necesariamente significa que no confías en él, sólo significa que no eres ingenua y conoces la naturaleza humana.

Piénsalo: en algún momento has considerado que todos los hombres que te engañaron eran dignos de tu confianza.

Agotada Emocionalmente

"Cuando no confías en la persona con quien estás,
continuar en la relación se vuelve física y
emocionalmente agotador para ti".

La confianza solo hace que todo funcione mejor. Cuando la confianza está ausente, terminas pasando más tiempo enojada, y no necesariamente por lo que él está haciendo, sino por lo que tú piensas que él podría estar haciendo. Esto, a medida que pasa el tiempo, te hará sentir frustrada y agotada.

CAPÍTULO
Seis

INFIEL

"Si él te ama y respeta, no te engañará. Si te engaña, una o ambas cosas hacen falta".

No Es Un Accidente

*"Engañar nunca es un accidente;
es una decisión consciente".*

Quienes son infieles a menudo se rehúsan a aceptar responsabilidad personal por sus acciones y, en lugar de eso, intentan hacerte sentir que tú tienes la culpa debido a tus acciones o a algo que no has hecho. ¡No lo creas! Tú nunca tienes la culpa. Ellos fueron quienes decidieron engañarte. Por lo tanto, ellos tienen el 100% de la culpa. Si algo que estuviste haciendo o algo que no hiciste causaba tantos problemas, ellos deberían haber hablado contigo antes. Si el problema no podía resolverse, tenían una de dos opciones: irse en ese momento o quedarse e intentar solucionar las cosas. De cualquier manera, engañarte no debería haber sido una de esas opciones.

Sus Disculpas

"Cuando se disculpa, debes saber que no es porque lamente haberte engañado... lamenta que lo hayas descubierto".

En algunos casos, él podría sentir que una disculpa es suficiente. Sin embargo, en ese momento, es como echarle sal en una herida abierta. ¿Por qué? Porque las disculpas son para los accidentes o cuando alguien hace algo y en ese momento no tenía ni idea que te lastimaría.

Por otra parte, engañar a alguien es una decisión consciente, por lo que debe descartarse la idea de que fue un "accidente". Además, en el momento en que te engañó, él sabía que sus acciones te lastimarían, lo que descarta el argumento de que él "no sabía".

Entonces, podrías preguntarte por qué se está disculpando. Yo te lo diré: no es porque te engañó y no es porque te hirió. Él lamenta que lo hayas descubierto: es lo único que no planeó.

Tú Crees Las Mentiras

Tú crees las mentiras porque tienes miedo a la verdad.
Así que, cuando él te da las líneas
de en dónde ha estado toda la noche,
te has precondicionado para creer que las mentiras
sean verdad.
Mientras, en el fondo, peleas contigo misma,
yendo y viniendo mientras oras por ayuda.
Así que tal vez mi inspiración para este libro fue divina
o tal vez fue algo que recogí en tus
comentarios mientras leía entre las líneas.
Todos tenemos nuestras sospechas, pero mi consejo para ti
es que debes escuchar a tu consciencia...
esa es la forma en que Dios habla
directamente contigo.

La Sensación De Una Traición

"Cuando un hombre engaña a una mujer, el acto físico no es lo que más la lastima: es la sensación de que está siendo traicionada emocionalmente por la persona a la que amaba y en la que confió para nunca hacer algo así... eso es lo que más duele".

NOTAS: Escribe las tres principales señales que has encontrado en el pasado, pero que ignoraste, y que te advertían que él te estaba engañando, y prométete nunca volver a ignorar esas señales otra vez.

_____

_____

_____

CAPÍTULO

Siete

SEGUNDAS OPORTUNIDADES

"Algunas personas reciben una segunda oportunidad, mientras que otras no, porque algunas personas están dispuestas a cambiar mientras que otras no lo harán".

Sólo Porque Lo Extrañas

"No deberías regresar con él sólo porque lo extrañas".

Está bien extrañarlo: es normal. Todas las relaciones tienen sus buenos momentos y esos momentos a menudo crean buenos recuerdos. Sólo recuerda que tuviste una razón para irte. Y, cuando te fuiste, esa razón era más importante que los recuerdos. Ahora bien, no estoy diciendo que nunca deberías dar una segunda oportunidad. Algunas veces las personas cambian y tú debes decidir si crees que ese cambio es suficiente para regresar con ellos. Sin embargo, no dejes que la soledad o que el hecho de que los extrañas nublen tu juicio a tal punto que te vuelvas a encontrar en la misma mala relación de la cual acabas de salir.

El Perdón No Siempre Equivale A Una Segunda Oportunidad

"Sólo porque estás dispuesta a perdonarlo, eso no significa que él reciba automáticamente una segunda oportunidad".

Tu disposición a perdonarlo muestra que eres lo suficientemente fuerte para dejar eso atrás sin recriminárselo. Pero, eso no necesariamente significa que estás dispuesta a regresar a la misma situación para que él te vuelva a herir.

Tu decisión de darle una segunda oportunidad debería estar basada en si crees que eso que pasó sucederá de nuevo o no. Si crees que no volverá a suceder, entonces pregúntate si esa razón por sí sola es suficiente para regresar a la relación. Si crees que volverá a ocurrir, aléjate ahora antes de que tengas que huir más tarde.

NOTAS:

Menciona todas las razones por las cuales crees que deberías darle una segunda oportunidad.

_____

_____

_____

_____

_____

_____

_____

Menciona todas las razones por las cuales crees que no deberías darle una segunda oportunidad.

_____

_____

_____

_____

_____

_____

_____

_____

_____

Ahora compara ambas listas y toma una decisión basada en qué es lo mejor para ti.

CAPÍTULO

Ocho

NO PUEDES CAMBIARLO

"Él sólo cambiará si quiere cambiar. Mi pregunta es:
Si no te gusta el hombre que es hoy,
¿por qué estás con él ahora?".

La Razón Por La Que El Cambia

"No puedes cambiar a un hombre, pero definitivamente puedes ser gran parte de la razón por la que él decide cambiar".

Para algunos hombres, lo único que necesitan es una razón para cambiar: la mujer correcta, en el momento oportuno, en la vida del hombre correcto podría ser una buena razón. Pero debes tener cuidado, el hombre equivocado no podrá reconocerte como una buena mujer y te hará perder el tiempo. Actuará como si ha cambiado por suficiente tiempo para obtener lo que quiere de ti. Después de haber logrado su meta, regresará a sus viejos hábitos y te dejará agotada física, emocional y, en algunos casos, financieramente.

Algunas de ustedes han tratado con este tipo de hombre en el pasado y otras lo están haciendo ahora. Incluso es posible que empieces a dudar de ti misma y que pienses que hay algo malo contigo. Descansa tu mente: no es que no eres la mujer correcta, es solo que él es el hombre equivocado.

El Verdadero Problema

"Algunas veces, que él sea el hombre equivocado no es el verdadero problema. El verdadero problema es que decidas darle una oportunidad sabiendo que es el hombre equivocado, pensando que puedes cambiarlo".

Nunca empieces una relación pensando que puedes cambiar a un hombre que ya te ha mostrado que sus verdaderas intenciones no son lo que tú quieres.

A final de cuentas, él no cambiará y tú terminarás frustrada, con el corazón roto y sola, deseando haber hecho las cosas de otra manera

CAPÍTULO

Nueve

TIEMPO
PERDIDO

*"Es imposible sostener una relación cuando la otra
persona ya ha decidido dejarla ir".*

Soltera Y Sola

"Una mujer fuerte preferiría estar soltera y sola que perder su tiempo en una relación y dormir con un hombre que la hace sentir como si no existiera".

Algunas veces, sólo tienes dos opciones: (1) dormir sola y estar fría físicamente, o (2) perder tu tiempo durmiendo con alguien a quien no le importas para nada y despertarte en la mañana sintiéndote fría emocionalmente.

Cuando Él Pierde Tu Respeto

"Una de las cosas más difíciles que podrías intentar es continuar amando a alguien a quien ya no respetas".

El respeto y la confianza son la base de cualquier relación sana. Sin ellos, todo lo demás desaparece rápidamente. Todo excepto el amor. El amor no desaparece de inmediato. Primero se convierte lentamente en frustración y, seguido por resentimiento. Esta evolución te dejará no con los recuerdos del amor que alguna vez compartieron, sino con los sentimientos de resentimiento y arrepentimiento que sientes ahora.

Frustrada

"Una de las posiciones más frustrantes en las que tú,
como buena mujer, podrías estar, es en una relación
con un hombre que te hace sentir como si
aún estuvieras soltera".

Estar en una relación con un hombre que no tiene tiempo para ti, que no te muestra afecto y que la mitad del tiempo te hace sentir como si estuvieras soltera... ¿qué sentido tiene?

Puedo pensar en muchas buenas razones por las cuales querrías estar en una relación, pero estar sola no es una de ellas.

Mis pensamientos: habla con él. No intentes ignorar ese sentimiento, porque las cosas sólo empeorarán. Explícale cómo te sientes y dale la oportunidad de hacer los ajustes necesarios. Si él cambia, será genial. Si no lo hace, todo dependerá de ti. Puedes aceptarlo o rechazarlo, pero la elección es tuya.

Cuando Él No Te Ama Y Tú Lo Sabes

"Algunas de ustedes irán a dormir esta noche y soñarán sobre cómo serían las cosas si alguien las amara de verdad. Luego, se despertarán por la mañana y escogerán perder su tiempo con un hombre que ustedes saben que no las ama de verdad".

No puedes quejarte por estar en una situación que tú puedes cambiar pero que escoges no hacerlo. Si sabes que la relación no va a ningún lado, no pierdas tu tiempo.

El Amor Nunca Debería Hacerte Sentir Sola

*"El amor verdadero es una experiencia emocionante...
una experiencia que nunca debería causar que te
sientas emocionalmente sola".*

Incluso cuando hay una distancia física entre ustedes, la conexión emocional aún debería estar allí. Deberías ser capaz de cerrar tus ojos en las noches más oscuras y aun así sentir su presencia... podrás estar sola físicamente, pero deberías sentirte acompañada espiritualmente por su esencia. Si alguna vez te sientes sola emocionalmente al estar en una relación, es posible que sea porque lo que alguna vez tenían ya no existe.

Enamorada De La Idea

Algunas de ustedes están más "enamoradas" de la idea
de "estar enamorada" que enamoradas de la
persona con quien están.

Has creado un mundo de fantasías en tu mente, y en ese mundo has imaginado que tu relación es más de lo que realmente es. Ya que estás enamorada de la idea de estar enamorada y lo quieres tanto, tú ignoras todas las señales que te dicen que esa persona no es la correcta para ti. Estás tan lista para creer que él es quien tú quieres que sea que, incluso cuando él te muestra quién es en verdad, tú lo ignoras.

Los amigos en quienes más confías han intentado advertírtelo, pero tú los has ignorado diciendo: "Ellos no saben", "ellos no entienden" o "ellos sólo te dicen eso porque odian verte feliz". Mi pregunta es… ¿qué es lo que te hace feliz? ¿Estás feliz por la idea o por la realidad?

Recuerda esto: todas las fantasías se terminan. En algún punto deberás lidiar con la realidad del asunto y con el hecho de que él no es realmente lo que quieres o lo que necesitas. Entonces estarás decepcionada y tendrás sólo dos opciones: conformarte o seguir adelante después de desperdiciar todo tu tiempo en algo que nunca fue.

¿Por Qué Sigues Aquí?

"Si no me amas, ¿por qué sigues aquí?
Quedarte ahí parado sólo empeora las cosas.
Por favor, sólo aléjate.
Te prometo que no te odiaré si lo haces,
pero te odiaré si no lo haces".

Dicen que si quieres entender cómo se siente alguien, tienes que ser capaz de ponerte en sus zapatos. Entonces, me pregunté a mí mismo:

"Si yo fuera tú y alguien me diera falsas esperanzas, ¿cómo me sentiría?". Eso fue lo primero que me vino a la mente.

Lo Que Más Duele

"Lo que más te duele no es el hecho de que se haya terminado, sino que escogiste perder el tiempo con él en primer lugar".

NOTAS:

_____

_____

_____

_____

CAPÍTULO

Diez

EL CORAZÓN ROTO

"¿Alguna vez has sentido como si tu corazón hubiese sido arrancado de tu pecho... como si cuando salieron por la puerta se hubieran llevado con ellos hasta tu ultimo aliento?".

Él No Puede Amarte

"Una de las cosas más decepcionantes que tú, como mujer, podrías experimentar, es enamorarte de un hombre que no te ama ni respeta porque aún no ha aprendido a amar y respetarse a sí mismo".

Atascada Emocionalmente

"El peor sentimiento que puedes tener es la sensación de estar atascada en una relación física con alguien de quien ya te sientes emocionalmente separada".

La Verdadera Frustración De Un Corazón Roto

"Las lágrimas de una mujer no necesariamente son producidas por una ocasión en que alguien le rompió el corazón, sino por la acumulación de años de tener su corazón roto una y otra vez y la frustración que tu sientes después de poner todo tu esfuerzo en tus relaciones, día tras día, mes tras mes, y año tras año, y aun así terminar con los mismos resultados de un corazón roto".

Las Palabras No Habladas De Su Alma

*"Las lágrimas de una mujer son las palabras
no habladas por su alma.
Ellas escriben la historia de su dolor con tinta que
desaparece y, con cada trazo,
intento entender antes de borrar las palabras
de su rostro,
esperando que, al secarse las lágrimas, el amor
verdadero sea la única
razón por la que todo su dolor haya sido borrado".*

Cuando El Amor Es Real

"Cuando el amor es real, es difícil dejar de amar a alguien... incluso después de que te han demostrado una y otra vez que no merecen tu amor".

Eso es lo que hace que terminar una relación sea tan difícil. Sabes que es hora de irte, pero el amor no te deja alejarte. El amor verdadero quiere que le des otra oportunidad, que lo intentes una vez más y hagas que funcione, incluso cuando en el fondo tú sabes… que él nunca cambiará.

Tu Corazón Roto

¿Alguna vez sana en verdad el corazón roto
de una mujer,
o simplemente te vuelves más fuerte y encuentras
mejores formas de ocultar el dolor?
Verás, puede que yo no sepa tu nombre, pero no puedes
engañarme con palabras,
diciéndome que él ya no te importa más, cuando yo
puedo ver en tus ojos que te ha herido.
No te avergüences del dolor: acéptalo.
No le des la espalda al dolor: enfréntalo.
Deja salir todo y libéralo al viento, y cuando lo hayas
sacado todo, habrá suficiente espacio en tu corazón
para que finalmente puedas volver a amar.

Sólo un nuevo amor puede ayudar a reparar el daño hecho por un viejo amor. Ya sea el amor de otra persona, amor espiritual, amor a ti misma o todos los anteriores: sólo el amor tiene ese poder.

Está Bien

Está bien.
Está bien que lo extrañes.
Está bien que estés enojada.
Está bien que te sientas triste e incluso que llores...
Está bien.
Está bien que te preguntes si tomaste
la decisión correcta...
Está bien.

Terminar una relación puede ser como subirse a una montaña rusa emocional. Pero debes saber que, cuando el viaje se termine y ya hayas sacado todos esos sentimientos de tu sistema... está bien seguir adelante.

NOTAS:

Algunas veces puede ser de ayuda escribir todas las cosas...

_____

_____

_____

_____

_____

_____

_____

_____

_____

_____

CAPÍTULO

Once

LA VALENTÍA DE SEGUIR ADELANTE

"Una mujer fuerte no renunciará a la relación hasta que esté completamente harta e irse sea la única opción que le queda.
E incluso así... es difícil para ella".

Ella Está Cansada

"Cuando una mujer fuerte finalmente se da por vencida, no es porque ella sea débil o porque ya no ame a su hombre. Para ponerlo en términos más simples... ella simplemente está cansada. Está cansada de los juegos... está cansada de las noches sin dormir... está cansada de sentir que está sola y que es la única que lo está intentando... ella está cansada".

Algunos podrían decir que una mujer es débil por darse por vencida en una relación, pero yo no estoy de acuerdo. Cuando has hecho todo lo que puedes y has llegado al punto en que te sientes física, emocional y espiritualmente agotada, tu única opción es irte. No es porque quieras hacerlo, sino porque debes hacerlo... por tu propia paz y tranquilidad.

El Llanto De Una Mujer Fuerte

"Quién puede escuchar los llantos de una mujer fuerte que llora por dentro mientras el mundo la admira por lo fuerte que es y por la hermosa sonrisa que tiene en el exterior".

¿Quién puede ayudarte cuando tú eres la persona que los ayuda a todos? ¿A quién puedes llamar cuando tú eres la persona a quien todos llaman? Cuando parece que estás demasiado presionada y sientes que no puedes aguantar por más tiempo, ¿a quién acudes tú, la mujer fuerte a quien todos admiran por su fortaleza?

Algunas veces, la única respuesta correcta es una respuesta espiritual.

Ser Fuerte
No Es Una Opción

*"Una mujer fuerte sabe que ser fuerte no es una opción
para ella: es una necesidad".*

Entonces, todos los días se despierta y se enfrenta al mundo y a todos los retos. Pero algunas veces, al final del día, cuando todo está dicho y hecho y finalmente cierra la puerta, ella entra en llanto. No es que ella sea débil, sino que es difícil ser fuerte día tras día, sabiendo que, si tú no lo haces, nadie más lo hará.

Los llantos suaves que la mayoría nunca escuchan desaparecen lentamente con el nuevo día, y te levantas de nuevo para ser la mujer fuerte y segura que eres.

Aún Recuerdas

Aún recuerdas, pero nunca olvidarás.
Aún recuerdas cómo solía hacerte sonreír, pero
nunca olvidarás que también solía hacerte sentir mal.
Aún recuerdas cómo se conocieron, pero el día que te
insultó en lugar de llamarte por tu nombre es un día
que nunca olvidarás.
Verás, es difícil que una mujer fuerte se quede con un
hombre que le falta el respeto. Y aunque se disculpó y
tú aceptaste sus disculpas, no lo hiciste por su bien,
sino por tu propia tranquilidad.
Entonces, al salir por la puerta, dejando a ese hombre
atrás, suspiraste. Ya que, si bien lo perdonaste,
supiste que nunca podrías olvidar, y es por eso que,
hasta este día, nunca has mirado atrás.

La Fortaleza Para Dejar Ir

*"La realidad es que algunas veces se necesita más
fuerza para dejar ir que para seguir aferrándose".*

Cuando una mujer se para con su espalda hacia
el viento, con su rostro hacia el sol, levanta
su cabeza, exhala y finalmente deja ir... ese es
un momento poderoso para ella. Muchos sentimientos
recorren su cuerpo en ese momento. Se siente feliz pero
triste a la vez; está emocionada, pero tiene miedo de lo
que está por venir. Pero si hay algo de lo que está segura,
es de que finalmente está libre para encontrar su propia
felicidad.

El Poder De Aguantar

Al final de la noche no puedo dormir, me muevo como
si estuviera en una tormenta en el mar abierto.
Veo los rayos en tus ojos y escucho los truenos en tu voz,
y sé que me llamas a mí.
mientras nuestras almas despiertan
con la anticipación de vivir el momento
antes de que desaparezca.
Porque sé que has caminado miles de millas
y que has luchado por mucho tiempo.
Aunque tus problemas no han sido fácil
tus cicatrices de batalla son evidencia de todo el dolor
que has soportado, el cual puede verse hasta con ojos
cerrados.
Pero aun así no pides simpatía,
ni siquiera cuando tus días son largos.
Porque en ti esta el poder para resistir y
la fortaleza para continuar.

Tan Bienaventurada Es La Sonrisa

*Tan bienaventurada es la sonrisa de una mujer que
por años ha conocido el dolor de ser engañada, la
agonía de no ser valorada, de ser
menospreciada por un hombre
a quien alguna vez amó y en quien confió.
Tan bienaventurada es la sonrisa de una mujer que
por años puso toda su alma y corazón en una relación
sin obtener nada a cambio.
Tan bienaventurada es la sonrisa de una mujer que ha
sido forjada por el fuego y por muchos años
de lecciones aprendidas.
Tan bienaventurada es la sonrisa de una mujer que
un día se resistió y dijo: "¡Basta! ¡Merezco algo mejor!
¡Merezco estar con alguien que me ame, respete
y adore! ¡Merezco mi propia felicidad!".
Ya lo ves, ha pasado algún tiempo desde que*

tuvo el coraje de alejarse, y no ha sido fácil.

Muchas noches lloró hasta dormir y otras

noches no dejaba de dudar si había

hecho lo correcto, pero nunca se arrepintió.

Entonces digo,

"Tan bienaventurada es la sonrisa de una mujer fuerte porque,

después de todo lo que has pasado, finalmente has encontrado tu

propia felicidad y esa sonrisa que representa una nueva persona".

Lecciones Aprendidas

"Aquellos que son más difíciles de olvidar a menudo

son los que te enseñan las lecciones más importantes".

P orque aquellos a quienes has amado te han enseñado las infinitas posibilidades de la felicidad. Ya que aquellos a quienes has perdido te han recordado el tremendo dolor causado por el desamor. A todos ellos les dices: "Gracias". Es gracias a ellos que ahora eres esa mujer hermosa, fuerte e independiente.

Perdona Por Tu Bien

"Cuando perdonas, no lo haces por el bien de la otra persona, lo haces por tu propia paz y tranquilidad".

Al final, cuando te aferras a tu ira, no estás lastimando a nadie más que a ti misma. Mientras tanto, ellos siguen viviendo sus vidas como lo desean, y tu ira y resentimiento les permite continuar arruinando la tuya. Tú, en esencia, estás recibiendo todo el dolor, frustración y desamor que alguna vez ellos te causaron. Ahora ellos no necesitan hacer otra cosa más que sentarse, disfrutar su vida y ver que eres miserable.

Pero no tiene por qué ser así: puedes quitarles ese poder al simplemente perdonarlos y superarlo. No estoy diciendo que debas olvidar: no olvides. Olvidar lo que han hecho lo borraría de tu memoria, y es en esos recuerdos que se encuentra la lección que has aprendido. Sin embargo, perdonar remueve el peso del pasado de tus hombros y te permite seguir adelante sin ellos.

El pasado es como es y no puedes cambiarlo. Lo

único que puedes hacer es aprender de ello y usar ese aprendizaje para tomar mejores decisiones en el futuro. ¿Será fácil? No. ¿Tendrás tus momentos? Sí. Pero, con el tiempo, tendrás la tranquilidad de saber que ellos ya no tienen ningún poder sobre ti. Ahora, cuando los veas, podrás sonreír y decirte a ti misma: "Finalmente estoy libre de ti".

Nunca Te Sientas Atrapada

Nunca deberías sentirte atrapada en una relación; tú siempre tienes opciones. Es posible que él quiera que sientas que no tienes otra alternativa y que él es la única opción que tienes disponible, pero no es así. Tú eres la única persona que puede tomar la decisión sobre si quedarte o no. Es posible que la decisión no sea fácil, pero sigue siendo tu decisión: tú tienes ese poder.

Tú tienes el poder de liberarte de la negatividad y encontrar la felicidad. Tú tienes el poder de vivir tu vida como lo desees, en lugar de como alguien te lo ordene. Tú tienes el poder... úsalo.

CAPÍTULO

TIEMPO
PARA TI

"Si no puedes ver la belleza de tu vida desde donde estás ahora, remueve los obstáculos que tienes frente a ti y observa de nuevo".

Ayúdate A Ti Misma

"Algunas veces, la única persona que puede
ayudarte eres tú misma".

Tus amigos pueden apoyarte, pueden hacerte sentir bien y pueden estar allí para ti, pero a final de cuentas, tú eres quien debe tomar las decisiones difíciles y hacer los cambios necesarios. Nadie puede hacer eso más que tú.

Haz Lo Que Te Hace Feliz

"Chicas... por tan sólo un momento, dejen de preocuparse por lo que los demás piensan y hagan lo que las hace feliz".

Me doy cuenta de que la mayor parte de tu tiempo lo pasas atendiendo las necesidades de tus hijos, de tu carrera y de todos los demás. Estás corriendo constantemente, desde antes de que salga el sol hasta después del atardecer, intentando sostener todas las piezas del rompecabezas de tu vida juntas. Irónicamente, en algún lugar a través de todo esto, pierdes la noción de la pieza más importante... tú. Entonces, cuando intentas tomar un poco de tiempo para ti misma, eres criticada y, en algunos casos, incluso te acusan de ser "egoísta". Curiosamente, quienes dicen que estás siendo "egoísta" normalmente son quienes reciben toda tu atención. Entonces, esto es lo que deberías preguntarles: "¿Quién está siendo egoísta: tú o yo?".

Nunca te sientas culpable por querer tomar tiempo para ti misma. Te lo has ganado después de todo lo que haces por los demás. Toma un poco de tiempo para ti.

Enamórate De Ti Misma Otra Vez

Algunas veces... simplemente debes tomar un poco de tiempo para ti misma. Encuentra el tiempo para planear una cita contigo misma y volver a familiarizarte con quién eres y con lo que quieres obtener de la vida. Si haces esto lo suficientemente, tú nunca sabes, puede ser que puedas volver a enamorarte de "ti" otra vez.

NOTAS:

Registra todas las cosas que haces que son sólo para ti y describe cómo te hacen sentir acerca de ti misma.

_____

_____

_____

_____

_____

_____

_____

_____

CAPÍTULO

Trece

EL MIEDO A COMENZAR DE NUEVO

"No hay nada de malo en aferrarte y no hay nada de malo en dejarlo ir. El truco está en decidir qué es lo mejor para ti".

Ella No Tiene Miedo A Amar

"Le han roto el corazón antes, pero ella no tiene miedo a amar; a lo que le tiene miedo es a desperdiciar más años de su vida amando y apoyando a un hombre sólo para que, al final, le rompa el corazón y deba volver a comenzar de nuevo otra vez".

El Miedo A Ser Vulnerable

"La sensación de ser vulnerable es una de las cosas que
más miedo nos dan sobre enamorarnos.
Pero la idea de arriesgarlo todo y amar sin pausas o
arrepentimientos... eso es lo que hace que
sea emocionante".

Los grandes riesgos conllevan grandes sufrimientos o grandes recompensas. ¡Yo digo, que deberías confiar en tu propio juicio y aprovechar la oportunidad! Si estás equivocada, el dolor será únicamente temporal. Sin embargo, si estás en lo correcto, podrías encontrar suficiente felicidad que te dure toda la vida.

Aferrándose Al Pasado

*"Mientras te sigas aferrando a tu ira por el hombre
equivocado del pasado, él siempre será capaz de
controlar tu capacidad para ser feliz en el futuro".*

Muchas de ustedes lo han superado físicamente,
pero por dentro aún llevan el dolor y la ira
que él les causó.

Debes darte la oportunidad de encontrar la verdadera
felicidad. Finalmente es la hora de dejarlo ir.

El Hombre De
Tus Sueños

"Olvida tu miedo a comenzar de nuevo".

Cuando eras pequeña, soñaste con el tipo de hombre que querías. Algunas de ustedes encontraron a ese hombre y otras simplemente se conformaron. Quienes se han conformado, aún te preguntas por las noches cómo sería tu vida si no lo hubieras hecho. Tus sueños de felicidad corren por tus mejillas y se convierten en lágrimas de melancolía mientras lloras hasta dormir.

Recuerda, en la vida tienes opciones. Olvida tu miedo a comenzar de nuevo y haz lo que es mejor para ti. Nunca es demasiado tarde para ser feliz... la elección es tuya.

CAPÍTULO

Catorce

MUJER FUERTE Y HERMOSA

Sólo debes decirte a ti misma: "¡No estoy dispuesta a aceptar menos de lo que merezco! ¡Soy inteligente! ¡Soy hermosa! ¡Soy una buena mujer y merezco ser feliz!".
Todo empieza contigo.

Toma El Control
Hoy Mismo

Hoy, toma el control de tu vida y sé la mujer fuerte y hermosa en la que soñaste que te convertirías cuando eras niña.
Es posible que algunas de ustedes ya hayan olvidado ese sueño y que otras se hayan conformado.
Hoy, estoy aquí para recordártelo.
Deja de vivir el sueño de alguien más y comienza a vivir tu propio sueño.
Recuerda que esa niña que vive en tu interior aún cree en ti... no la decepciones.

Sé Tú Misma

"Sé la mujer que quieres ser, no la mujer que todos
esperan que seas".

Dios no comete errores. Si lo ves desde esa perspectiva, verás que eres una creación perfecta de lo que él pretendía hacer cuando te creó. Debes estar orgullosa de quién eres. Después de todo, no eres solamente una en un millón... eres alguien que aparece sólo una vez en la vida.

Eres Hermosa

"Eres hermosa justo como eres".

Todos tenemos esos días en los que, por alguna razón, no sentimos que somos hermosas, y un recordatorio nos caería bien. Si hoy es tu día, déjame recordártelo... eres hermosa justo como eres.

Espero Que El Haya Notado

*"En la mayoría de los casos, las cosas pequeñas son las
que más importan".*

Espero que él haya notado que llevas un estilo de peinado diferente o que te pintaste las uñas de un color nuevo que habías querido probar. Espero que haya notado que llevabas un atuendo nuevo que compraste sólo para él. Espero que lo haya notado y que te haya dado un cumplido. Si no lo hizo, entonces déjame ser el primero en hacerlo... ¡te ves sorprendente!

Tu Versión Perfecta

"Espero que cuando hayas despertado esta mañana, te hayas visto en el espejo y hayas visto exactamente lo que yo veo en ti... una mujer increíblemente hermosa que es única y que merece todo el amor y la atención que un buen hombre tiene para ofrecer".

La Sonrisa De Una Mujer Fuerte

"Una mujer fuerte con una sonrisa hermosa es atractiva, pero una mujer fuerte con una mente hermosa es adictiva".

En El Lago
Hay Un Reflejo

*En el lago hay un reflejo, una imagen
perfecta de ti.
Si te sientas silenciosamente a su lado, ella se acercará
más y más a ti.
Si sonríes, ella te sonreira también. Cuando la
toques, ella reaccionará.
En el lago hay un reflejo. Si tú la amas, ella
por siempre te amará.*

Sólo un recordatorio: sin importar lo qué estés pasando, primero ámate a ti misma y siempre serás amada. Nadie puede quitarte eso.

Los Muros Alrededor Del Corazón De Una Mujer Fuerte

Amo a una mujer que ha construido muros sólidos alrededor de su corazón. Eso me dice que has experimentado algunas cosas y que no sólo eres una sobreviviente, sino que esas experiencias te han enseñado a protegerte mejor. También has aprendido el verdadero valor de tu amor y acercarse a tu corazón ya no es tan fácil. Si un hombre quiere tu amor, deberá probar que merece el honor de reemplazar ese muro y asumir el papel de protector de tu corazón.

En mi opinión, hay principalmente tres tipos de personas que te criticarían por construir un muro alrededor de tu corazón: Aquellos que son demasiado perezosos como para trabajar por obtener tu amor, aquellos que nunca han pasado por la lección, y aquellos que han pasado por eso pero que aún todavía no han aprendido.

Una Mujer Fuerte Se Define A Sí Misma

Una mujer fuerte se define a sí misma. Ella sabe que la única definición que importa es la suya.

Tú te defines a ti misma. Tú tienes el control de quién eres como mujer. Ningún hombre tiene el poder de quitarte eso, a menos que tú se lo des.

A Mi Mujer Fuerte Y Hermosa

Tú sabes que eres hermosa, no porque él te lo diga, sino porque, desde que eras una niña, siempre has sabido que algún día crecerías para convertirte en una mujer fuerte y hermosa. No eres arrogante o engreída: eres humilde y segura. Hay cierta fortaleza en ti que no puede ser ignorada.

Los hombres fuertes y seguros de sí mismos creen que tu fortaleza es increíblemente atractiva, mientras que los hombres más débiles y menos seguros creen que es intimidante y se sienten amenazados por ella.

Tu fortaleza es tu mayor bendición y tu más grande maldición.

Es tu más grande maldición porque muchos hombres no han podido superar las expectativas y han causado que pases muchas noches sola, preguntándote si tus expectativas eran demasiado altas, pero no es así.

De hecho, tu fortaleza es la que te permite tener altos estándares durante esas noches solitarias, porque sabes que un día, el hombre correcto se revelará ante ti. Es sólo en ese momento que derribarás los muros y te permitirás ser vulnerable para enamorarte perdidamente, sin miedo y sin pausas.

A mi mujer fuerte y hermosa: sé fuerte... Sé paciente. El hombre correcto está en algún lugar buscándote sin descanso, tratando de encontrarte en medio de todo lo absurdo. Sólo dale tiempo.

CAPÍTULO

Quince

FIJANDO NUEVOS ESTÁNDARES

"La calidad del hombre que escojas sólo será tan buena como los estándares que utilizaste para escogerlo".

Nunca Bajes Tus Estándares

"No pienses que al bajar tus estándares por un hombre evitarás terminar decepcionada. Al final, no sólo terminarás decepcionada de él, sino que también estarás decepcionada de ti misma por haber bajado tus estándares en primer lugar".

Sé selectiva. No todos los hombres deberían cumplir con tus estándares. No tiene nada de malo decidir no perder tu tiempo en un hombre que ya has determinado que es una pérdida de tiempo.

Tener estándares no significa que eres "engreída" o "estirada". Sólo significa que eres una mujer fuerte que sabe lo que quiere y que no está dispuesta a conformarse con cualquier cosa. Eso no tiene nada de malo. De hecho, como hombre... yo respeto eso.

Nunca te sientas mal por tener altos estándares: eso es parte del proceso para deshacerte del hombre equivocado.

Sé La "Única"

Por qué conformarte con ser la otra o simplemente ser la mujer principal cuando hay un hombre bueno que está esperando para convertirte en la "única".

Evita no estar disponible para el hombre correcto porque fuiste impaciente y te conformaste con el hombre equivocado.

Piénsalo por un minuto: si él no te valora lo suficiente como para comprometerse a que tú seas la única, ciertamente no tiene la suficiente riqueza emocional para merecer tu amor.

Tú Eres Extraordinaria

"Cuando eres extraordinaria, lo ordinario no será suficiente".

Eres una mujer extraordinaria y eres capaz de lograr cualquier cosa y todo aquello en lo que pongas tu corazón y mente. No deberías conformarte con nada menos que un hombre que no sólo reconoce esto, sino que te anima a ser lo mejor que puedes ser en cada oportunidad que tenga. Él también debería ser un hombre que es suficientemente seguro de sí mismo y de la relación para poder dar un paso atrás y ser tu mayor fan cuando finalmente sea hora de que brilles y que hagas lo tuyo.

Amigos Con Derecho

*"Amigos con derecho" es una forma creativa de decir
que él piensa que eres lo suficientemente buena para
dormir con él, pero que no mereces su lealtad y
compromiso.*

Sin importar cómo veas las cosas, este tipo de
relación no te trae ningún beneficio a largo plazo
como la mujer buena que eres. No me importa
qué tan "aceptable" Hollywood intente hacerlo parecer.
A final de cuentas, ¿qué es lo que tienes? Ni compromiso,
ni lealtad, ni amor... nada. Todas las cosas que realmente
te importan, como buena mujer, son las que no recibes.
Lo único que tienes es el instante de gratificación física, y
cuando eso desaparece, ya no te queda nada. Tú mereces
algo mejor.

Fuerte, Soltera Y Feliz

"Ella es soltera, no porque no pueda encontrar a un hombre, sino porque está esperando a que venga el hombre correcto y la haga sentir tan segura de la relación que amarlo sea fácil y natural".

No dejes que nadie te haga sentir que ser soltera es malo. Tómate tu tiempo, sé paciente y espera al hombre correcto.

Es casi como comprar frutas en el supermercado. No sólo te acercas, agarras la primera fruta que te encuentras y la pones en tu canasta. ¡No! Agarras la fruta, la aprietas, la ves, y si no es lo que quieres, la pones de regreso. Además, todos saben que la mejor fruta está al fondo. Debes buscar un poco para obtener la fruta de más alta calidad.

Bueno, es parecido con los hombres. Debes tomarte tu tiempo, verlos y, si no te gustan, ¡debes ponerlos de regreso en su lugar! ¿Por qué? Porque al final del día, si te apresuras y llevas al hombre equivocado a casa, ¡tú eres quien tiene que lidiar con él!

Sé Paciente

"En algún lugar hay un buen hombre que está tan frustrado como tú por no haberte encontrado aún; sé paciente. Él no renunciará a ti... no te atrevas a renunciar a él".

Si alguna vez has estado perdida y necesitaste que alguien llegara a encontrarte, sabrás que una de las primeras cosas que te dicen es: "Quédate allí. Voy en camino". La razón por la que dicen eso es porque, si te sigues moviendo, hace que sea más difícil encontrarte. Bueno, lo mismo aplica aquí. Debes dejar de moverte y de desperdiciar el tiempo en hombres que tú sabes que no podrán satisfacer tus necesidades emocionales. Debes quedarte quieta y ser lo suficientemente paciente como para encontrar al hombre correcto que pueda satisfacer esas necesidades.

Hay Demasiados Como Para Conformarte

"Hay demasiados hombres como para que te conformes con uno que no te hace feliz. Si él no actúa bien, díselo. Si él no está dispuesto a arreglar las cosas, déjalo ir".

Incluso un buen hombre puede tener problemas, pero mientras esté dispuesto a arreglarlos contigo, a hacer que la relación avance, siempre habrá una posibilidad de que las cosas funcionen.

Por otro lado, si él no está dispuesto a arreglar las cosas, entonces algunas veces debes dejar ir incluso a los buenos.

Lo Mismo Aplica Para Ti

"En tu relación, nunca te conformes con menos de lo que mereces. Al mismo tiempo, nunca pienses que mereces obtener más de lo que estás dispuesta a aportar a una relación".

Sé realista con tus expectativas. Cuando digo que nunca deberías conformarte, eso no te absuelve de tu responsabilidad de cumplir con las mismas expectativas que tú estableciste para ellos. Si tus expectativas son altas, entonces tu propio nivel de desempeño y compromiso debería ser igual de alto. Deberías esperar obtener lo mismo que tú contribuyes. Ni más, ni menos.

El Paso Del Reloj

Nunca dejes que el paso del reloj te fuerce a
conformarte con un hombre que sabes que no es el
correcto para ti. A final de cuentas, ¿no es mejor ser
soltera y feliz por 5 años que despertarte una mañana
y darte cuenta de que has desperdiciado los últimos
5 años de tu vida con alguien que tú sabías que
nunca te haría feliz?

Esta es sólo una forma diferente de ver las cosas. Sin importar lo que hagas, asegúrate de que sea lo correcto para ti: no para tus amigos, familia o para nadie más... haz lo mejor para ti.

Es Hora De Escoger

*"Mientras más tiempo dediques en el principio a
escoger al hombre correcto, menos tiempo
desperdiciarás lidiando con el hombre equivocado".*

Has trabajado demasiado duro y has llegado demasiado lejos para estar hoy en este lugar, por lo que no debes dejar que un hombre sin visión y sin dirección te detenga. Tómate tu tiempo.

¡PERMANECE ENFOCADA!

Tu Nueva Lista

Usa la próxima página para escribir tus nuevos estándares. No te enfoques en atributos físicos o financieros, esas sólo son cosas que quieres. Quiero que te concentres en escribir lo que necesitas emocionalmente, como mujer, de parte de un hombre.

En resumen, te estoy pidiendo que escribas, en una página, cuál es el hombre correcto para ti. Cuando termines, revisa lo que has escrito y memorízalo. Conforme crezcas, ajusta las cosas como corresponda.

Ahora quiero que te prometas a ti misma, sin importar qué tan largos sean tus días y qué tan solitarias sean tus noches, que nunca te conformarás con nada menos que lo que está en esa página.

NOTAS:

CAPÍTULO

Dieciséis

ALGUNAS COSAS EN LAS QUE DEBES PENSAR

Impresión Importante

*"La impresión más importante que un hombre puede
dejar en ti no es la primera impresión, sino una
impresión duradera que sólo se va formando con la
consistencia a través del tiempo".*

Incluso el hombre equivocado puede jugar el papel del hombre correcto al inicio. No te dejes impresionar tanto por su primera impresión. La primera impresión es la parte más fácil. La impresión duradera es la que lleva todo el trabajo.

No Confundas La Comodidad Con El Amor

No confundas estar "cómoda" con estar "enamorada".

Algunas de ustedes están en una relación porque están "enamoradas" y otras de ustedes están en una relación simplemente porque están "cómodas" en ella y le tienen miedo al cambio.

Recuerda, solo porque estás cómoda no significa que estés enamorada. ¿Cómo puedes saber la diferencia? Hazte esta pregunta: "¿Por qué estoy aquí?". Si no sabes la respuesta o si tienes que justificar la respuesta usando la lógica en lugar de tus emociones, entonces estas ahí por comodidad. Si estuvieras allí por amor, lo sabrías porque tu respuesta sería emocional y de solo pensar en la respuesta te hará sonreír.

Algunos Hombres Dirían Cualquier Cosa

*Algunos hombres dirán "cualquier cosa" para obtener
lo que quieren, pero tú debes estar dispuesta a creer en
"cualquier cosa" para dárselos.*

No se trata tanto sobre lo que él dice, sino lo que tú decides creer. Sé más selectiva y paciente. Saber que la mayoría de los hombres dirán cualquier cosa significa que no puedes creerles todo. Recuerda, sin acciones consistentes al paso del tiempo, las palabras de él no valen nada.

El Potencial No Significa Nada

*"Que tú puedas ver el potencial de un hombre no
significa nada hasta que él lo vea en sí mismo".*

Tú puedes ver todo el potencial que quieres en
un hombre. Puedes creer en él. Puedes tener fe
en él. Puedes ver el sinfín de posibilidades en
un hombre, pero hasta que él lo vea y crea en él mismo, y
haga algo al respecto, no tienes nada.

Nunca Persigas A Un Hombre

"Los hombres buenos no corren. Entonces, si estás en una situación en la que debes perseguir a un hombre, detente... ¡ese es el hombre equivocado!".

No Dejes Que El Dolor Te Engañe

"No dejes que el dolor o la ira de una mala separación te engañen y te hagan faltarte al respeto a ti misma".

Si bien es posible que hayas tenido una mala separación y que estés enojada con él por algo que ha hecho, nunca permitas que esa ira haga que te faltes al respeto a ti misma. Algunas personas creen que, si tienen relaciones con alguien inmediatamente después de haber terminado una relación, que de alguna forma están vengándose por lo que su ex pareja hizo, ¡pero esto está muy lejos de la verdad! La verdad es que estás sacrificando el respeto a ti misma, tu dignidad y tu reputación como buena mujer, y sólo lo estás haciendo para intentar herir a un hombre que ya te ha demostrado que no se preocupa por ti. ¿En realidad vale la pena? No lo creo.

Nunca dejes que las acciones del hombre equivocado causen que te pongas a un nivel más bajo que el suyo: tú eres mejor que eso. Tu respeto a ti misma, tu dignidad y tu reputación, como buena mujer, son demasiado valiosos para un buen hombre como para que los tires a la basura intentando vengarte del hombre equivocado.

Haciendo Hasta Lo Imposible

"Asegúrate de no hacerte pedazos al intentar arreglar a un hombre que ya está roto".

Hay algunas cosas con las que puedes ayudar a un hombre y hay otras que sólo pueden ser arregladas por él solo. No te hagas pedazos intentando arreglar algo que está fuera de tu alcance arreglar. A final de cuentas, él aún estará roto y tú terminarás con el corazón roto y completamente exhausta.

Por Qué Jugar El Papel De Detective

"En tu relación, no deberías tener que jugar el papel de un detective para obtener la verdad; deberías poder hacer la pregunta y que él te dé una respuesta. Debería ser así de simple".

Si no lo es, debes tomar algunas decisiones importantes. En mi opinión, no hay nada peor que no escuchar la verdad de parte de la persona que amas y tener que escucharla de alguien más.

Cuando Él Te Grita

"Mientras más a menudo te grite, más te alejarás; entonces, un día él se dará cuenta de que ustedes dos están tan lejos emocionalmente que tú no puedes escuchar ni una palabra de lo que él dice. Para ese entonces... es demasiado tarde".

El verdadero carácter de un hombre no es el que se puede ver en los buenos momentos, sino en los momentos de estrés. Cuando él te grita, está intentando controlarte a ti o a la situación. Puedes inferir muchas cosas sobre un hombre durante esos momentos porque, si él no sabe manejar bien una situación, su verdadera forma de ser comienza a mostrarse. Recuerda, puedes medir la verdadera fortaleza de un hombre al ver qué tan bien sabe controlar a los demás, pero tú mides su verdadero poder al ver cómo se controla a sí mismo.

Mejor Amigo Vs. Novio

Sólo porque él era un buen "mejor amigo" no necesariamente significa que será un buen "novio".

En teoría, pareciera que debería funcionar. Sin embargo, puede ser un poco más complicado que eso. No estoy diciendo que no pueda funcionar, porque he visto ambos resultados. Lo único que estoy diciendo es que deberías tener mucho cuidado si estás considerando convertir a tu "mejor amigo" actual en tu "novio". Ese cambio no sólo causará que cambien las expectativas, sino que las reglas de la relación también cambiarán. Si funciona, genial, pero si no funciona, tienes grandes probabilidades de perder tanto a tu "novio" como a tu "mejor amigo".

Entonces, la pregunta es: "¿estás dispuesta a correr ese riesgo?".

Intentando Convencerlos De Lo Que Vales

"Nunca pierdas tu tiempo tratando de convencer a otra persona de lo que vales. Si ellos no pueden verlo, entonces no vale la pena el esfuerzo".

Lo más hermoso de las personas que nos aman en verdad es que siempre pueden ver lo que valemos, incluso cuando nosotros mismos lo dudamos. De hecho, a menudo ellos son quienes nos lo recuerdan cuando creen que nos estamos conformando con menos de lo que merecemos.

Si debes intentar convencer a alguien sobre lo que vales, eso significa que esa persona aún no lo sabe. Y si no lo sabe aún, ¿cómo puede valorarte a ti y a la relación?

Nunca Te Pierdas A Ti Misma

"Sé fiel a quién eres como mujer. Cuando la relación está en harmonía con quién eres, esta funciona. Sin embargo, cuando comienza a hacerte sentir que debes sacrificar quién eres como mujer para que funcione, puede que sea hora de reevaluar si la relación aún es o no es la correcta para ti".

Nunca pierdas completamente tu propia identidad en una relación. Cuando lo haces, pierdes tu propia razón para estar allí en primer lugar.

A final de cuentas, todo cambia, pero una relación sana debería crecer contigo, no en tu contra.

No Te Dejes Engañar

*No te dejes engañar por las palabras de un hombre y
sus acciones inconsistentes. En lugar de eso, busca
consistencia por un largo período de tiempo, porque, si
lo piensas, cada hombre "equivocado" con el que has
salido parecía el hombre "correcto" al principio.*

Tómate tu tiempo y sé paciente. Recuerda, salir con el hombre equivocado puede ser como una película de horror. Al principio, siempre es divertido y emocionante hasta que el loco aparece. Luego, las cosas pueden volverse "reales" demasiado rápido.

Lo único que quiero decir con esto es: si no quieres terminar de protagonista en su película de horror, ¡tómate tu tiempo para leer el guion antes de aceptar el papel!

La Felicidad De Ayer

"Cuando tienes que confiar en la felicidad de ayer en una relación, para poder pasar el día, es posible que sea hora de seguir adelante".

Todos los días son una nueva oportunidad para que hagas algo que agregue valor a tu relación y que haga que avance. Si no estás avanzando, estás moviéndote hacia atrás. No hay tal cosa como una relación que se detiene. La vida es movimiento, y una relación sin movimiento está muerta.

Entonces, si llega el momento en tu relación en que lo único que te quedan son recuerdos, es posible que debas reevaluar la relación. Recuerda, los recuerdos están en el pasado, y si eso es lo único que le queda a tu relación, entonces esta podría no tener un futuro.

El Amor No Significa Nada Si No Hay Lealtad

*"El amor que te tiene un hombre no significa
absolutamente nada si no viene con lealtad
incondicional hacia ti y hacia tu relación. Eso no
debería ser negociable".*

Sin lealtad no hay confianza. Sin confianza, lo único que puedes esperar son dolores de cabeza, sufrimiento y arrepentimiento. Además, si escoges darle tu tiempo a un hombre sin lealtad, debes saber que siempre te decepcionará. Puede tomar un poco de tiempo, pero tarde o temprano su falta de lealtad saldrá a la luz. Cuando lo haga, desearás no haberle dado nunca tu tiempo a ese tipo de hombre.

El Mejor Sexo No Llenará Ese Vacío

"Sin amor, el mejor sexo en el mundo no será capaz de llenar ese vacío. Es una solución fácil y no te darás cuenta hasta que te despiertes a la mañana siguiente y te des cuenta de que todavía estás sola".

Saber Lo Que Quieres Y Lo Que No Quieres

"Saber lo que no quieres en un hombre es igual de importante que saber qué quieres de él".

Se Supone Que Él No Debe Destruir Tus Sueños

"Él no debe hacer que renuncies a tus sueños...
se supone que él te ayude a lograrlos".

No Le Des Más Crédito Del Que Se Merece

"Chicas, dejen de darles a estos hombres más crédito
del que se merecen. O él cumple tus estándares o no;
¡deja de poner excusas por él!".

Solitaria En Una Relación

"Estar soltera y sentirse sola es entendible, pero estar en una relación y sentirse sola... eso es inaceptable".

Cuando estás soltera, es normal extrañar la compañía e interacción con alguien a quien amas y por quien te preocupas. Sin embargo, cuando estás en una relación y aún sientes la misma soledad que cuando estabas soltera, eso no es normal. Debes hacerte la siguiente pregunta: "¿Por qué estoy perdiendo mi tiempo en esta relación?".

Es posible que él simplemente se haya quedado atrapado en las tareas cotidianas y que no se dé cuenta de que ha causado que te sientas de esta manera. Mi consejo sería que hables con él sobre lo que sientes y que le des la oportunidad de hacer los cambios necesarios. Si él lo hace, está muy bien. Si no lo hace, entonces es posible que debas empezar a pensar en los cambios que debes hacer por ti misma y por tu propia felicidad.

El Precio Del Amor

Las personas dicen que "el amor no cuesta nada", pero yo no estoy de acuerdo, porque enamorarse de la persona equivocada podría costarte todo.

Aquellas de ustedes que han estado en una relación en la cual, cuando finalmente se alejaron se sentían física, mental y emocionalmente exhaustas, a tal punto que sentían como si estaban literalmente comenzando su vida otra vez, saben exactamente lo que quiero decir.

Y aquellas de ustedes que no han experimentado este sentimiento, cuando estén por ahí decidiendo a quién le darán o no su tiempo, y a final de cuentas su amor también, sólo recuerden que su amor no es gratuito. Si toman la decisión equivocada, podría costarles todo.

CAPÍTULO

Diecisiete

EL HOMBRE CORRECTO

"El hombre correcto no romperá tu corazón;
él lo protegerá".

Él No Querrá Que Bajes Tus Estándares

"El hombre correcto no querrá que bajes tus estándares; él preferiría esforzarse para cumplirlos o excederlos".

¡Nunca dejes que nadie te convenza de bajar tus estándares! Cualquier mujer que se queje de que tus estándares sean demasiado altos probablemente ya comprometió los suyos. Cualquier hombre que se queje de que tus estándares sean demasiado altos probablemente está acostumbrado a tratar con mujeres que no tienen ninguna.

Ningún hombre de verdad se enorgullece de llegar a un nivel al que es fácil llegar. El orgullo es fruto de la disciplina y el trabajo que realizamos para obtener lo que otros no pueden lograr. El proceso de distinguirnos de el resto... Eso es para lo que vivimos. En el amor no hay diferencia. El hombre correcto preferiría pelear y ganarse tu amor y confianza a que simplemente se los des. En otras palabras, un hombre de verdad preferiría no tener tu amor que recibirlo por defecto.

Nunca comprometas tus estándares porque, en algún lugar, hay un buen hombre que no sólo está dispuesto, sino que es capaz de cumplir con ellos o excederlos.

Orgullo En Tu Felicidad

"El hombre correcto se enorgullecerá de tu felicidad. Él sabe que, mientras más feliz seas, más feliz será él".

Él Nunca Te Juzgará

*"Un hombre no necesariamente debe estar de acuerdo
con tu pasado, pero debería estar dispuesto a aceptarlo
si quiere ser parte de tu futuro".*

El hombre correcto nunca te juzgará por tu pasado. En cambio, escogerá respetar la realidad del viaje que has tomado para convertirte en la mujer hermosa y fuerte que eres hoy. Él entenderá que nadie es perfecto, pero, tú eres la culminación perfecta de todas tus experiencias pasadas, tanto las buenas como las malas, y habiéndolo considerado todo... aún creerá que eres perfecta para él.

Cuando Sabes Que Eres Amada Y Respetada

"Su fortaleza física puede darte la comodidad de saber que estás siendo protegida, pero su capacidad de satisfacer tus necesidades emocionales es lo que te dará la tranquilidad de saber que eres amada y respetada".

Encuentra un lugar de paz en los brazos de quien en verdad te ama y respeta, y cuando lo hagas... aférrate con todas tus fuerzas, porque tienes a un buen hombre.

Cuando Llega El Hombre Correcto

"Cuando se trata del hombre correcto, no tendrás que cambiar. Él te amará justo como eres".

Cuando llegue el hombre correcto, en sus ojos, él creerá que lo más hermoso de ti es quién eres como mujer. Para él, esas cosas pequeñas en las que ni siquiera piensas son las que te hacen tan maravillosa.

El Hombre Correcto Encontrará Fortaleza En La Unidad

"El hombre correcto podrá no estar de acuerdo contigo en privado, pero en público... él siempre te apoyará".

El Amor Del Hombre Correcto

"Cuando el hombre correcto entra en tu vida y te ama de la forma que mereces ser amada, toda tu perspectiva en la vida cambiará".

Más Que Sólo Tu Pareja

"El hombre correcto querrá ser más para ti que sólo tu pareja. Él querrá ser tu mejor amigo, tu confidente y la única persona en el mundo que nunca te decepcionará".

El hombre correcto querrá más que simplemente ser tu pareja. Él quiere llenar los puestos más importantes en tu vida. Él querrá ser la persona en quien puedas confiar... la persona con quien puedas hablar de cualquier cosa. Él querrá ser el primero a quien acudas cuando debas tomar decisiones importantes. Para él, lo más valioso en su vida es poder ser la persona más valiosa en la tuya.

El Está "Listo"

"El hombre correcto se encontrará a sí mismo
antes de buscarte".

Muchos hombres pueden ver, pero pocos tienen visión. La visión es lo que permite que los hombres entiendan hacia dónde vamos y qué tomará para llegar allí.

Chicas, encuentren a un hombre con visión. Esa es la única manera de asegurarse de que ustedes dos estén dirigiéndose al mismo lugar.

Las Cosas Más Hermosas Sobre Ti

"El hombre correcto te verá de una manera en la que sólo un hombre que realmente te ama y te adora puede verte: con su corazón y no con sus ojos".

Las cosas más hermosas sobre ti no pueden ser vistas o tocadas, y no pueden ser capturadas en una fotografía o en un video. Las cosas más hermosas de ti serán invisibles para el hombre que sólo te vea con sus ojos y no con su corazón. Pero, el hombre que se tome el tiempo para conocerte realmente, para escucharte y finalmente entenderte, te verá de forma muy diferente. Ese hombre verá tu belleza como un hombre ciego la describiría: no basado en lo que él ve, sino basado en lo que él siente.

Verás, el hombre correcto apreciará tu belleza exterior, pero te amará por tu belleza interior.

NOTAS:

Describe al hombre correcto para ti. El reto es que no puedes mencionar nada sobre sus características físicas o financieras. Quiero que te enfoques especialmente en cómo podría satisfacer tus necesidades emocionales, mentales y espirituales.

_____

_____

_____

_____

_____

_____

_____

_____

_____

_____

_____

_____

_____

Memoriza esta lista para que, cuando conozcas a un hombre, sin importar su apariencia o su dinero, puedas cerrar los ojos y preguntarte si él cumple o no con las cosas en esta lista, no basado en lo que ves, sino basado en cómo te hace sentir. Si él te recuerda a tu lista, es una buena forma de empezar. Pero, si no te la recuerda, es posible que quieras reconsiderar si él es o no el hombre correcto para.

Parte II
Para Él

CAPÍTULO

Dieciocho

DE UN
HOMBRE
A
OTRO

"Si la amas, debes ser lo suficientemente fuerte, no sólo para decírselo, sino para demostrárselo también. O, debes ser lo suficientemente fuerte para ver a alguien más amándola".

Presta Atención A Una Sola Mujer

"Creo que si algunos hombres dejaran de intentar de impresionar a todas las mujeres y simplemente se enfocaran en las necesidades físicas y emocionales de la mujer con quien están, sus vidas serían mucho menos costosas y mucho más satisfactorias".

Un hombre obtendrá más satisfacción del amor de una sola mujer que de la atención de muchas. Él simplemente necesita enfocarse en la mujer con quien está, dejar ir al resto y todo lo demás caerá en su lugar.

Si No Hablas Con Ella

*"Si no hablas con ella por lo menos una hora cada día,
no tendrás ni idea de lo que está sucediendo en su vida".*

Si realmente estás interesado en lo que está sucediendo en su vida, te tomarás el tiempo para hablar con ella y escuchar lo que tiene que decir.

Mi consejo es que deberías hacer todo lo posible para ser parte de lo que sucede con ella día a día. Si no lo haces, alguien más lo hará.

Su Silencio Dice Mucho

"El silencio de una mujer es una de sus formas de comunicación más poderosas: transmite emociones tan intensas que las palabras no podrían describir cómo se siente en ese momento".

Si te encuentras en el extremo receptor del tratamiento silencioso de una mujer y sientes curiosidad acercas de si debes preocuparte o no, la respuesta es... ¡SÍ!

Algunas veces, lo único que ella necesita es un poco de tiempo. Sin importar lo que hagas, no fuerces el asunto. Cuando sientas que la tensión ha disminuido, siéntate con ella y pregúntale qué le está molestando. Recuerda, no trates de justificar tus acciones en este momento. Ella simplemente necesita que tú escuches lo que ella tiene que decir. Cuando haya terminado, reconoce sus sentimientos y trabaja con ella para poder resolver el problema. No se trata de ganar o perder, o de quién tiene la razón o no: se trata de que los dos se entiendan y se respeten el uno al otro, y de que trabajen juntos para mover la relación hacia adelante.

Habla "Con" Ella

Habla "con" ella en lugar de "hacia" ella...
hay una diferencia.

No siempre se trata de lo que dices, sino de cómo lo dices y del tono que escoges usar, que a menudo convierten una simple discusión en una pelea. Cuando hablas "con" ella, estás considerando sus sentimientos y opiniones. Cuando hablas "hacia" ella, estás siéndole indiferente a ambos y ella puede sentir eso.

Mis pensamientos son que nunca deberías exigir. En lugar de eso, deberías pedir sugerencias. Siempre debes considerar obtener su opinión sobre decisiones importantes que estén relacionadas con la relación, e incluso sobre cosas que sólo estén relacionadas contigo. Muéstrale que su opinión es importante. Recuerda, tu tono y cómo dices las cosas tendrán un gran impacto en cómo ella recibe la información. En otras palabras, un tono placentero hará que obtengas una respuesta placentera. Un tono negativo o agresivo normalmente hará que obtengas una respuesta negativa.

¡Deja De Preguntar!

Para aquellos de ustedes que creen que es necesario preguntarle a una mujer con cuántos hombres ha estado antes que ustedes: ¡dejen de preguntar!

En primer lugar: ¿por qué es importante? ¿Qué pasa si ella dice que fueron 2, 10 o 20? ¿Debería tener algún efecto en cómo te sientes por ella hoy? Si lo tiene, tal vez para ella sería mejor encontrar a alguien que esté más interesado en quién es ella hoy que perder su tiempo con un hombre a quien le preocupa más quién era ella hace cinco años. Además, para ser honestos, es una pregunta que la mayoría de nosotros espera que las mujeres respondan con honestidad, pero, si nos hicieran la misma pregunta, nos costaría dar una respuesta sincera.

A final de cuentas, ¡todo está en el pasado! Si la amas, acepta todo sobre ella, incluyendo las experiencias pasadas que han contribuido a que sea la mujer que es hoy en día: tanto las buenas como las malas experiencias.

Sé Honesto Sobre Tus Intenciones

"Una mujer necesita un hombre que sea honesto y directo con ella sobre sus intenciones desde el principio. No dejes que pasen meses o incluso años antes de que finalmente tengas el valor de decirle que no estás listo para el compromiso".

No le quites la capacidad de decidir qué es mejor para ella al mentirle sobre tus verdaderas intenciones. Sólo sé honesto. Algunas mujeres están abiertas a tener diferentes tipos de relaciones, ya sea que incluyan compromiso o no. Lo único que quiero decir es que debes ser directo y honesto con ella. Ella tiene derecho a escoger qué es lo mejor para ella.

Como Eras Tú

Si alguna vez una mujer te dice "extraño como eras
tú", esa es una advertencia que te indica que has
cambiado y que no ha sido de buena manera.

Algunas veces, como hombres no prestamos suficiente atención a las señales de advertencia hasta que es demasiado tarde. Los comentarios como: "antes solías hacer esto por mí todo el tiempo, ¿por qué ya no puedes hacerlo ahora?" o "extraño mucho cuando tú..." debería ser una señal roja de advertencia. Estos, entre otros, no son solamente comentarios vacíos: estos comentarios dicen que ella está empezando a ver hacia la parte pasada de la relación para encontrar felicidad, en lugar de buscarla en el presente.

Mis pensamientos... presta atención a estos comentarios e intenta reincorporar lo que ella te está pidiendo en tus planes actuales. Si no tienes otra razón, hazlo simplemente porque la hace feliz.

Aburrimiento

Hay muchas razones por las cuales una mujer podría
perder interés en un hombre...
el "ABURRIMIENTO" es una de ellas.

Cuando una mujer dice que quiere consistencia, esto no significa que quiere que hagas "lo mismo" una y otra vez. Para ella, el amor es una experiencia nueva y emocionante. Ella quiere que seas consistente pero creativo. Ella quiere que le des estabilidad y que al mismo tiempo seas capaz de ser espontáneo y que estés dispuesto a probar cosas nuevas y emocionantes con ella.

He escuchado a muchas mujeres decir que están ansiosas por poder pasar cada momento que puedan con el hombre a quien aman. Eso es porque ellas entienden que esos momentos, si se pasan con el hombre correcto, tienen el potencial de convertirse luego en grandes recuerdos.

Entonces, para los hombres que estén leyendo esto: no tengas miedo de probar algo diferente y sorpréndela. No es necesario que sea algo grande. De hecho, los mejores recuerdos a menudo provienen de las cosas más pequeñas. Sin importar lo que hagas, sé consistente con tu amor y sé creativo con la forma en que lo demuestras.

Revisa Tu Ego

"No la pierdas al dejar que tu ego se vuelva más grande que tu corazón".

Ganar no lo es todo, especialmente cuando estás en una relación y la perdedora será la mujer a quien amas. No dejes que tu ego cause que pongas presión en ella sobre un asunto que, a final de cuentas, no producirá nada más que un impulso para tu ego. Como resultado, habrás dañado tu relación con ella. Tengo un dicho que digo y dice simplemente esto, "Al estar en una relación, nunca dejes que tu ego escriba un cheque que sólo un hombre soltero puede cobrar".

Escuchar La Verdad De Tu Parte

"Todos cometemos errores. Ella sabe que no eres perfecto y no espera que lo seas. Pero, cuando se trata de la verdad, ella preferiría escucharla de ti que ser sorprendida y escucharla de alguien más".

Cuando Ella Te Habla

"Cuando ella comparte sus problemas contigo, no es que se esté quejando; simplemente confía en ti lo suficiente como para hablarte sobre ellos".

Que ella se abra contigo y comparta lo bueno y lo malo es uno de los mejores cumplidos que podría darte. Que ella lo haga significa que confía en ti y respeta tu opinión. Aún más, si ella dice que se siente cómoda hablando contigo y que no hay nadie más con quien preferiría compartir sus sentimientos más que contigo.

Dedícale Tiempo, No Dinero

"Hacer que una buena mujer se sienta segura en la relación no tiene nada que ver con cuánto dinero gastas EN ELLA, sino en el tiempo de calidad que estás dispuesto a pasar CON ELLA".

Una buena mujer no está interesada en tu dinero o en tu posición social. Lo que ella quiere es tu tiempo, lealtad, amor, compromiso y que la trates como si nada es más importante en el mundo.

Reacción Exagerada

No existe tal cosa como su "reacción exagerada".
La reacción es un reflejo directo de cómo se sintió en ese
mismo momento.

Si tú le dices "estás exagerando" o "estás siendo muy sensible", estás ignorando completamente su estado emocional en ese momento. La verdad es que es probable que ella esté respondiendo a algo que se ha estado guardando por dentro por algún tiempo y que lo que acaba de ocurrir la llevó a su límite. En lugar de criticar o no tener consideración por sus sentimientos, deberías reconocerlos. Siéntate y habla con ella para que puedan resolver el problema juntos. Si no lo hacen, el problema no desaparecerá... sólo empeorará.

Sólo Porque Ella Sonríe

"Que ella sonría no quiere decir que sea feliz. Para entender cómo se siente en verdad, debes dejarla hablar y debes estar dispuesto a escuchar".

Tiempo Vs. Tiempo De Calidad

Cuando ella te pida que pases tiempo con ella, realmente te está pidiendo que pases "tiempo de calidad" con ella. Ella no siempre dice "de calidad" porque piensa que no debería ser necesario decirlo.

P asar tiempo juntos es más que simplemente estar en la misma casa o en la misma habitación al mismo tiempo. Significa compartir en un plano físico, mental y emocional también. Algunas veces, creemos que sólo porque compartimos el mismo espacio físico, estamos "pasando tiempo juntos", pero, de hecho, si estás en la misma habitación con ella y no estás compartiendo con ella en algún nivel, estás perdiendo el tiempo.

El Verdadero Valor Del Amor

"El verdadero valor se encuentra en el amor de una buena mujer, no en las cosas materiales. Lo más valioso que tú, como hombre, puedes tener, no es tu reloj, tu automóvil o tu casa, sino el amor verdadero de la buena mujer que está a tu lado: aquella mujer que te amaría y estaría contigo incluso si perdieras todas tus cosas materiales mañana".

El amor de una buena mujer siempre es leal. ¿Cuándo fue la última vez que el dinero te fue leal?

Cuando Ella Dice
"Estoy Bien"

Cuando ella dice "estoy bien", esto no necesariamente significa que ella en verdad esté bien. Debes conocerla en verdad para entenderla y saber la diferencia.

Debes aprender a hablar su idioma. Debes aprender a ver más allá de sus palabras y sentir la vibra que te está enviando. Eso es lo que te dirá si las cosas en verdad están "bien" o no. Si lo están, genial; pero, sino lo están, habla con ella. No dejes pasar mucho tiempo antes de descubrir lo que está en su mente. Si lo haces, las cosas podrían empeorar.

Ella No Es Estúpida

"¡Ella no es estúpida! No intentes jugar con ella como si lo fuera. Estás insultando su inteligencia. Si no tienes cuidado, algún día te encontrarás por fuera, deseando poder volver a entrar".

Si Estás Engañándola...
Ella Sabe

"Si estás engañándola y crees que no lo sabe... ella sí lo sabe. Es posible que ella no tenga suficiente evidencia para probarlo ahora, pero en el fondo lo sabe.
Su intuición es a prueba de errores.
Sólo es cuestión de tiempo".

CAPÍTULO

Diecinueve

ELLA TIENE
SUS LÍMITES

*"El amor de una buena mujer es poderoso. Algunos de
ustedes tienen a una buena mujer y nunca
experimentarán el verdadero poder de su amor porque
tus inconsistencias previenen que ella sea capaz de
amarte completamente de la forma que
ella quiere hacerlo".*

Ella Está Dispuesta A Luchar Por Ti

"Una buena mujer está dispuesta a luchar mucho y duro por el hombre a quien ama y en quien cree. Pero, sólo porque ella esté dispuesta a pelear por ti no significa que no te dejará si das por sentado su lealtad".

Cuando Tú Cambias

"Cuando una buena mujer se va, normalmente no es debido a otro hombre, sino porque tú has cambiado, y el hombre en quien te has convertido ya no es el mismo que de quien se enamoró".

Amor Inconsistente

"Si tu amor no es consistente,
ella sentirá que no existe".

Ella Preferiría Dejar Ir

"Ella preferiría dejarte ir del todo que intentar
aferrarse a los pedazos de una relación en la que ya no
estás comprometido".

Ella No Puede Hablar Contigo

"Uno de los mayores errores que puedes cometer es causar que la mujer a quien amas sienta que no puede hablar contigo".

Cuando ella siente que no puede comunicarse contigo, se siente frustrada. Esa frustración lentamente se convertirá en ira y resentimiento. Entonces, las cosas pequeñas se convierten en cosas grandes. Antes de que te des cuenta, estarás discutiendo sobre algo que a ti te parece pequeño, pero para ella no es sólo una cosa, es una combinación de todas las cosas sobre las que ella cree que no puede hablar contigo.

Mis pensamientos... tómate tu tiempo, no sólo para escucharla, pero, sino para animarla a hablar contigo sobre cualquier cosa. No es necesario que siempre estés de acuerdo con ella, pero siempre deberías estar dispuesto a escucharla.

A final de cuentas, esa es una de tus responsabilidades como su hombre. Si ella no puede hablar contigo, ¿entonces con quién?

No Puedes Estar Enojado

No puedes estar enojado con ella por irse cuando tú eres quien la empujó a hacerlo. ¿Qué se suponía que ella hiciera? Sin importar qué tan fuerte es, ella tiene un límite para lo que puede soportar antes de finalmente decir: "¡Basta!".

Una buena mujer no deja al hombre a quien ama por otro hombre. Ella se va porque es infeliz, y siente que su única opción es irse.

Ella está cansada de intentar hablar con un hombre que se rehúsa a escuchar. Ella está cansada de ser ignorada y de ser tratada como si sus sentimientos no importan. Ella está cansada de sentir que el único momento en que puede recibir afecto del hombre a quien ama es durante el sexo... ella está cansada. Lo único que ella quiere es que la ames y la trates como si te importara.

Si en realidad y de verdad la amas, no la alejes. Lo único que te pido es que dejes tu orgullo a un lado un momento y que lo pienses bien.

Es Difícil Que Ella Se Aleje

"Nunca es fácil".

Para una buena mujer, nunca es fácil alejarse, y especialmente si ha invertido mucho para hacer que las cosas funcionen. Sólo debes saber que, cuando ella finalmente decida irse, te habrá dado innumerables oportunidades y habrá debatido la idea una y otra vez en su mente, al menos 1000 veces. Ella está agotada; ella está frustrada, y con el corazón completamente roto de tener que alejarse de un hombre a quien en el fondo todavía ama y por quien aún está dispuesta a luchar.

A menudo, ella dejará la puerta ligeramente abierta

por un período corto de tiempo esperando que cambies, pero si esperas demasiado tiempo... ella se habrá ido para siempre.

NOTAS:

Menciona 5 cosas que crees que fueron factores que contribuyeron a que tus relaciones pasadas no hayan funcionado.

1. _____

2._____

3. _____

4._____

5. _____

Ahora, da un paso atrás y pregúntate qué papel podrían haber jugado tus acciones o falta de acciones en el fallo de la relación de arriba.

_____

_____

Finalmente, escribe cómo vas a cambiar dichas cosas para que tus relaciones actuales o futuras tengan más probabilidades de tener éxito y que no terminen con los mismos resultados que tus relaciones pasadas.

_____

_____

_____

_____

_____

_____

_____

_____

CAPÍTULO

Veinte

LO QUE ELLA QUIERE... LO QUE ELLA NECESITA...

"Ella quiere entregarse a ti en mente, cuerpo y alma. Lo único que ella necesita de ti es la seguridad de que no vas a hacer que se arrepienta al final".

¿Cómo Puedes Culparla?

"A ella le han mentido, la han engañado y un hombre a quien le dio años de su vida ha roto su corazón. Él pisoteó su amor, violó su confianza y le faltó al respeto. Después de todo eso, ¿quién puede culparla por dudar sobre las intenciones de un hombre que acaba de conocer?".

Muy a menudo, nosotros como hombres nos quejamos de que las mujeres traen los resultados de un corazón roto del pasado hacia sus nuevas relaciones. Mi pregunta es: ¿quién puede culparla?

Yo creo que, en su mayor parte, muchos de nosotros miramos el problema desde la perspectiva equivocada. Pasamos todo nuestro tiempo quejándonos de los resultados e ignoramos el hecho de que nuestras acciones, como hombres, son en gran parte responsables de crear dichos resultados en primer lugar. Recuerda, primero es la causa y luego el efecto, no al revés. Si queremos que las mujeres cambien, entonces debemos brindarles una mejor experiencia. Debemos dejar de actuar como si no tuviéramos nada de culpa, debemos aceptar nuestra responsabilidad por ello y cambiarlo.

Ella Está Buscando Tu Paciencia Y Tu Comprensión

"Ella no te culpa. Ella está buscando que tú le cambies toda la experiencia y le des una razón para amar una vez más".

Ella es una buena mujer a la que los hombres a los que ha amado en el pasado le han roto el corazón una y otra vez. Ella tiene derecho a sentirse frustrada y molesta. No minimices su dolor. Cuando lo haces, ella se siente aún más frustrada de que no entiendas todo lo que ha pasado y de cómo se siente. Recuerda, ella no está buscando tu simpatía, ella está buscando tu paciencia y comprensión.

Ella Necesita Un Hombre Que No Tenga Miedo

Ella necesita un hombre que no tenga miedo a entregarse completamente a ella sin temerle a las consecuencias y sin pausa.

Un hombre que no tiene miedo de permitirse ser vulnerable emocionalmente para tener esa conexión profunda que ella tanto necesita.

Una conexión de amor tan profunda que se sienta en los mismos pasos en el fondo de su alma.

Ahora, no estoy hablando de un amor ordinario, estoy hablando del tipo de amor del siguiente nivel;

El tipo de amor que sólo se encuentra en los libros de cuentos de hadas.

Eso es lo que ella quiere… eso es lo que ella necesita.

Más Que Sólo Su Hombre

Ella necesita que seas más que sólo su hombre.
Ella necesita que seas su mejor amigo y su confidente,
que seas la voz de la razón cuando necesita consejos,
y que seas como su caja de resonancia cuando
necesite desahogarse.
Al final del día, ella necesita que seas esa persona con
la que, sin importar qué tan terrible sea la tormenta,
ella siempre pueda contar para protegerla de la lluvia.
Ella necesita que todo esto sea consistente,
algo de lo que ella siempre pueda estar segura de que
nunca cambiará.
Eso es lo que ella quiere... eso es lo que ella necesita.

Defiende Su Honor

"Una mujer quiere a un hombre que no dude en defender su honor, independientemente de las consecuencias, ya sea que ella esté allí o no para defenderse a sí misma".

Ella Necesita A Un Hombre Fuerte

"Una mujer fuerte no necesita que un hombre cuide de ella. Lo que ella necesita es un hombre que sea lo suficientemente seguro para entender eso y no sentirse intimidado por ello".

Valora Su Opinión

"Ella quiere a un hombre que respete y valore su opinión: un hombre con el que se siente lo suficientemente cómoda como para poder estar en desacuerdo, pero sin el temor de que esto siempre se convierta en una discusión seria".

Habla Sobre Todo Y Cualquier Cosa

"Ella quiere a un hombre con el que pueda hablar de todo y sobre cualquier cosa porque se siente así de cómoda con él".

Ella Quiere Tu Atención

"Ella quiere la atención de ti, su hombre, no la de un extraño. Un simple cumplido tuyo, en el momento correcto, podría cambiar todo su día".

Ella sabe que cuando proviene de ti, es debido al amor. Pero, cuando proviene de un extraño, más a menudo se debe a la lujuria.

Con eso en mente, aprovecha toda oportunidad que tengas para poner una sonrisa en el rostro de la mujer a quien amas. Después de todo, no hay sentimiento más grande que el de saber que ella está feliz y sonriendo, y que tú eres la razón de ello.

Ella Preferiría Escuchar Tu Voz

"Ella preferiría escuchar tu voz que leer tu
mensaje de texto".

No son las palabras que tú dices, sino las emociones que transmites a través de tu velocidad, tono y estilo, las que le dan información sobre tu sinceridad.

En su mente, las frases "Yo te amo" o "Yo te extraño" pueden verse bien en un mensaje de texto, pero cuando te escucha decirlas y tus acciones las respaldan... simplemente se siente bien.

Sé Diferente Que Su Ex

No intentes ser "mejor" que su ex. Sé "diferente" de su ex. Ella está cansada de lo mismo. Ella está lista para que le muestres algo diferente.

La competencia se terminó: tú ganaste. Si ella quisiera seguir recibiendo de lo que él tenía para ofrecer, hubiera regresado con él, pero en lugar de eso te escogió a ti. No le des más de lo mismo. Crea un carril completamente nuevo y muéstrale algo diferente.

Date Cuenta De Los Pequeños Detalles

"Cuando no te tomas el tiempo para notar los pequeños detalles, como su nuevo peinado o el nuevo color en sus uñas o su atuendo, ella no sólo lo nota, sino que toma una nota mental de que tú tampoco lo notaste".

Presta atención a las cosas pequeñas que ella hace y no tengas miedo a darle un cumplido. Puedes pensar que ella no lo notará o que no importa, pero sí importa. A ella le importa tu opinión. Además, ella hace estas cosas no sólo por ella, sino que a veces las hace por ti también.

En cada oportunidad, hazle saber lo hermosa que es y que tú realmente la aprecias.

Desafíala

*"Desafíala a ser la mejor persona que pueda ser.
Algunas veces, sólo saber que la apoyas es el empujón
extra que ella necesita".*

Ya que tú eres su hombre y una de las personas más importantes en su vida en este momento, tu apoyo significa mucho para ella. Ella busca que la desafíes y que la apoyes en cada paso del camino. Si ella no puede contar contigo, ¿entonces con quién? Debes entender que ella puede sentirse frustrada a veces e incluso puede decir que no necesita tu ayuda. También puede decirte que puede hacerlo todo sola y es posible que eso sea verdad, pero al final del día, tú eres su hombre y ya que ella te tiene a ti... no debería tener que hacerlo sola.

Mantenla Cerca

"Préstale atención. Habla con ella. Escúchala.
Ámala. Respétala. Mantenla tan cerca que no dejes
lugar para que ella dude".

L a duda surge de la distancia entre ustedes dos: ya sea distancia física, mental o emocional, el resultado puede ser estresante para su relación. El hombre que entiende esto hará todo lo posible para mantenerla cerca y no le dará lugar para que dude de su amor por ella y de su lealtad y compromiso incondicional hacia ella y la relación.

El Amor No Se Trata De "Simplemente Salir" Con Ella Por Una Temporada

El amor verdadero no se trata de "simplemente salir" por un tiempo. Se trata de liberar su corazón para que pueda amarte y confiar en ti sin miedo a sufrir las consecuencias por toda una vida.

Para eliminar sus temores, debes hacer que se sienta segura en la relación. Para hacer que esto dure una vida, debes estar dispuesto a comprometerte con ella. Ese es el tipo de amor que un buen hombre da… ese es el tipo de amor que una buena mujer necesita.

Haz Que Sea Creíble

"Simplemente decirle que la amas no es suficiente: también debes mostrárselo consistentemente. Es la combinación de los dos lo que lo hace creíble".

Cuando sólo dices que la amas, ella aún tiene dudas porque lo escucha pero nunca lo ve. Cuando sólo le muestras que la amas, ella aún tiene dudas porque lo ve, pero nunca lo escucha. Sin embargo, cuando le dices que la amas y también se lo muestras, ella no sólo lo ve y lo escucha, sino que también lo siente. Y la sensación de ser amada en verdad es lo que hace que sea creíble.

Dejarla Sin Aliento

Eso es lo que ella quiere... es lo que ella necesita.
Verás, ella necesita a un hombre que pueda dejarla sin
aliento y hacer que le cueste respirar.
Ella necesita a un hombre que la haga sentir tan débil
que la hace caer de rodillas;
pero no por el motivo que crees.
Verás, incluso el hombre equivocado puede atraer su
atención, pero sólo el hombre correcto puede capturar
su imaginación y estimular su mente.
Entonces, cuando ella cae de rodillas, es para
agradecerle a Dios por su guía,
por ponerla en el lugar correcto, en el momento correcto
para conocer al hombre correcto.
Eso es todo lo que ella siempre ha querido...
es todo lo que siempre necesitó.

Cuáles Son Sus Sueños

¿Cuáles son sus sueños y ambiciones?
¿Se lo has preguntado?
Si no lo has hecho, ¿por qué?
Esa es una gran parte de ser su hombre.
¿Cómo puedes apoyar algo que no conoces?

Parte III
Para Ambos

CAPÍTULO

Veintiuno

HACER QUE FUNCIONE

*"Cuando el amor es verdadero, no tendrán que buscar
tiempo el uno para el otro...
ustedes harán ese tiempo".*

Parte De La Solución

"Es difícil que ambos ayuden a encontrar una solución cuando se rehúsan a reconocer que sus acciones o falta de acciones pueden ser parte del problema".

Es mucho más fácil que se culpen uno al otro, por todos los problemas en la relación, que aceptar el hecho de que sus acciones o falta de acciones pueden haber causado al menos algunos de los problemas en primer lugar. Esto va en ambos sentidos. Para que puedan encontrar soluciones viables a cualquier problema, ambos deben estar dispuestos a aceptar el hecho de que ustedes mismos pueden ser parte del problema en primer lugar. Si ambos toman este enfoque y son honestos consigo mismos, sus discusiones, las cuales se hubieran convertido en peleas anteriormente, deberían ser más productivas. Eso es porque se habrán movido de una forma de pensar basada en la "culpa" a una forma de pensar que está basada más en las "soluciones".

Recuerda, la meta de la discusión no es que alguno de ustedes gane. La meta es encontrar una solución que funcione para ambos y que permita que su relación avance de forma positiva.

Las Discusiones No Resuelven Nada

"Las discusiones no resuelven nada. Mientras más alto hablan, menos escucha la otra persona. A final de cuentas, puedes pensar que has ganado pero... ¿a qué costo?".

No arriesgues tu felicidad por algo que no significa más para ti que un ataque personal a tu ego. Recuerda, ambos están en el mismo equipo. Eso significa que, si uno de ustedes pierde, ambos pierden. Pueden minimizar sus discusiones al no jugar el "juego de la culpa". Si hay un problema, busquen una solución que esté en el mejor interes de la relación.

No Hagas Reglas Que No Cumplirás

"Deja de crear reglas en tu relación que esperas que la otra persona cumpla pero que tú no estás dispuesto a cumplir".

Si van a crear reglas, entonces esas reglas deberían ser acordadas por ambos y deberían aplicarse a los dos. Si una o más reglas deben ser aplicadas de forma diferente, entonces ambos deberían estar de acuerdo (no sólo uno de ustedes). Ninguna persona en la relación debería tener privilegios sobre la otra: ustedes son socios, no están en una dictadura. Sé que las personas dicen que la vida no siempre es justa, pero, en mi opinión, su relación siempre debería intentar serlo.

No Te Conviertas En Un Extraño

"¿Cuándo fue la última vez que los dos se sentaron y hablaron? No dejes que la persona a quien amas se convierta en un extraño... hagan tiempo el uno para el otro hoy".

A menudo, nos enfocamos tanto en nuestras actividades diarias que olvidamos sentarnos y hablar con nuestros seres queridos. Hay algunas personas ahora mismo que están en un punto en el que entran y salen de la habitación sin hablar el uno con el otro; ellos pasan junto al otro en el pasillo como si la otra persona ni siquiera existiera y duermen en la misma cama físicamente, pero emocionalmente están separados.

No dejes que esto se convierta en ustedes. Siempre deben hacer tiempo el uno para el otro.

La Magia Está En Tu Presencia

"Tómense tiempo para hacer tiempo el uno para el otro".

Las personas dicen que la ausencia hace que el corazón se encariñe más, pero yo creo que la ausencia hace que dos corazones se alejen. Recuerden cómo se enamoraron; no fue debido a todo el tiempo que pasaron alejados lo que hizo que se sintieran así, sino a esos momentos poderosos que pasaron juntos.

Cuando se trata del amor, la magia está en la presencia, no en la ausencia. Si hay demasiadas ausencias, la magia comienza a desaparecer.

Una Relación Sana

"Las relaciones sanas y fuertes están basadas en la construcción, no en la destrucción".

Para que una relación sobreviva, ambos necesitan sentir que tienen el mismo voto en los asuntos y que su opinión cuenta. Si uno de ustedes destruye al otro con abuso verbal, abuso físico u otros métodos de intimidación, no tiene ningún propósito más que debilitar la unidad por completo. Esto últimamente destruirá su relación.

En lugar de destruirse el uno al otro, enfóquense en formas de edificarse, apoyarse y animarse el uno al otro a través de palabras y acciones. La meta debería ser crecer más fuertes como pareja todos los días. Tómense su tiempo activamente para enfocarse en esto. Actúen como si fueran observados todos los días y como si fueran a recibir una calificación por su desempeño al final de cada día. Es un hecho que, cuando te enfocas en ciertas cosas, te desempeñas mejor en ellas que cuando no te enfocas. Sé que suena como bastante trabajo, pero confíen en mí: cuando hayan cambiado su forma de pensar y esto se convierta en un hábito, será más fácil. Al final del día, ¡su relación continuará creciendo sin límites! Entonces hoy... ¡enfoquémonos!

Nada Debe Meterse Entre Ustedes

"Siempre y cuando tú lo ames y él te ame a ti, y los dos estén totalmente comprometidos a hacer que su relación funcione, entonces nada o nadie podrá meterse entre ustedes".

E se es el verdadero poder del amor y compromiso mutuo. Crea un círculo impenetrable de amor que no puede romperse desde afuera... sólo desde adentro.

Hablar Sobre Cualquier Cosa

"Si ustedes dos pueden hablar abierta y honestamente sobre todo y cualquier cosa, juntos pueden superarlo todo".

La Fortaleza De Su Relación

"Cuando las cosas se pongan difíciles, no sólo dejen de intentarlo; los momentos difíciles son los que a menudo ayudan a definir la verdadera fortaleza de la relación".

CAPÍTULO

Veintidós

AMOR

"Hazla sonreír. Hazla reír.
Hazla sentir tan hermosa que todo lo que ella quiera
hacer es tenerte en sus brazos y bailar toda la noche".

Qué Significa El Amor Para Ti

El amor es probablemente una de las palabras más poderosas y mal usadas en nuestro vocabulario. Si les preguntas a 100 personas diferentes qué significa el amor para ellas, probablemente obtendrás 100 respuestas diferentes. Esto es lo que yo creo: el amor es la forma indescriptible en la que alguien te hace sentir por dentro. Es una sensación que te sujeta en lo más profundo de tu alma; una sensación que te hace sentir de forma inigualable. Para una mujer, es reconfortante y le proporciona una sensación de paz y seguridad. Para un hombre, fortalece nuestra determinación, nos da un propósito y la confianza de creer que podemos lograr cualquier cosa.

Si yo fuera una de esas 100 personas, esa sería mi respuesta. Diferentes personas equiparan el amor con muchas cosas diferentes. Algunas lo equiparan con el dinero y otras pueden equipararlo con algo más. Yo no pretendo decir qué está bien o qué está mal, ni tampoco estoy aquí para juzgar a nadie. Lo único que pido es que te tomes un momento y que te preguntes qué significa el amor para ti. Cuando tengas tu respuesta, sabrás exactamente qué tipo de amor estarías dispuesto o dispuesta a aceptar de alguien más.

El Amor Verdadero De Una Buena Mujer

"Cuando una mujer en verdad ama a un hombre, la única persona que puede arruinarlo es el mismo hombre".

El amor verdadero de una mujer por un hombre es a prueba de errores: ella estará con su hombre, junto a él a través de cualquier cosa y en cualquier circunstancia. Si eso cambia alguna vez, a menudo es debido a algo que él hizo o que no hizo, porque nadie más tiene ese poder: ni sus amigas, ni su familia... nadie.

Nadie tiene el poder de cambiar el amor verdadero que una mujer le tiene a su hombre. Nadie excepto el mismo hombre a quien ella ama en verdad.

Dale El 100% O Nada En Absoluto

"Si vas a amarla, dale el 100% o no le des nada. Si le das menos que eso, no sólo la estás engañando, sino que estás engañandote a ti mismo también".

Ella Aún Cree

"Si ella decide darte una segunda oportunidad, normalmente no es porque tú te la merezcas, sino porque ella aún cree en ti y en la idea de que el amor, si le das la oportunidad, prevalecerá al final".

Querido Amor

"Querido amor,
tú eres su mayor adicción,
aquella para la cual ella no desea cura.
Y nunca necesitará rehabilitación
siempre que tú seas 100% puro".

La mayor adicción de una mujer no son sus zapatos, sus bolsas o sus compras, sino lo que ella siente cuando sabe que alguien la ama en verdad. Esa es... su mayor adicción.

La Vieja Forma De Amar

Con todas las nuevas y mejores formas de hacer las cosas hoy en día, ella aún prefiere tu amor de la forma tradicional. A ella no le importa leer tus mensajes, pero preferiría escuchar tu voz. Está bien hablar por FaceTime, pero ella preferiría pasar tiempo de calidad contigo. Para ser honesto, ella quiere que seas tan cercano y personal con ella que no dejes espacio para que nada se meta entre ustedes dos...
ni siquiera la tecnología.

Dejar Ir Todo

"Tienes que estar dispuesto a dejar ir todo para que puedan sostenerse el uno al otro para siempre".

Tomados De La Mano

Puedes decir que es anticuado, pero a ella aún le encanta que la tomes de la mano. Hay algo en esa conexión física que a ella le encanta. De alguna manera, te permite hablarle a su espíritu y decir en una voz firme pero dulce: "Relájate, no debes preocuparte por nada... yo estoy aquí para ti".

Cartas De Amor Escritas A Mano

"Las cartas de amor escritas a mano: la rara joya del pasado que de alguna forma podían transmitir emociones que los mensajes de texto de hoy en día no pueden".

Hay algo especial sobre el hablar sin parar sobre tus sentimientos en una carta escrita a mano que añade algo más que simplemente escribir las cosas en un mensaje de texto. Tal vez es el tiempo que pasaste escribiéndola, quién sabe. Lo único que sé es que leer una carta que fue escrita a mano por la persona a quien amas, se siente diferente. Deberías intentarlo. Quién sabe, podrían descubrir algo increíble sobre el otro.

Un Estilo De Amor Como El De Los Abuelos

Piénsalo por un segundo... ellos no tenían correo electrónico, teléfonos celulares, mensajes de texto, Twitter, Facebook o Instagram, y aún así lo hacían funcionar. No es porque fuera más fácil, sino porque, en ese entonces, ellos debían pasar tiempo de calidad juntos porque no había otra forma de hacerlo funcionar. Tal vez esa es una lección del pasado de la cual todos podemos aprender. Tómense un poco de tiempo para pasar tiempo juntos... eso funciona.

Apréciala

*"Aprecia a la hermosa mujer que es y nunca dejes que
ella se duerma sin saber que verdaderamente es
amada y adorada por ti".*

El Camino Del Amor

*"En el amor se trata menos sobre el destino y más sobre
la belleza del viaje... haz que sea inolvidable".*

CAPÍTULO

Veintitrés

PASIÓN
Y
ROMANCE

"Una buena compañía, una buena conversación, una habitación con poca luz, música suave y una copa de algo suave es lo único que ella necesita ahora".

Algo Diferente 1

Ella quiere que enciendas las velas con aroma;
Ella quiere pétalos de rosas entre sus pies al caminar
por el pasillo de la pasión al éxtasis...
Ella quiere que le muestres algo diferente.
Ella quiere escuchar una canción diferente
con un poco más de ritmo.
Ella quiere que tú, no solo se lo beses,
pero también que le platiques...
Ella quiere que le muestres algo diferente.
Ella quiere que le hagas el amor,
no sólo a su cuerpo, sino a su mente también.
Ella quiere sentir la anticipación
de tu misma esencia.
Ella quiere que cambies todo aquello
a lo que ha estado acostumbrada...
Ella quiere que le muestres algo diferente.

Algo Diferente 2

Eso es lo que ella quiere... eso es lo que necesita.
Verás, ella quiere que entres a esa habitación
vestido todo de negro, todo.
Mientras ella está alli en el centro de la habitación
en un vestido negro sexy, y esos tacones altos sexys,
ella quiere que la agarres por la cintura,
que la pongas contra la pared y que le digas
que las cosas están a punto de ponerse intensas.
Verás, la pasión habla más fuerte que las palabras
y todas las tonterías que ella ya escuchó...
Ella está lista para que tú le muestres algo diferente.

Verte Dormir

Él sólo quiere verte dormir.
Mientras estás acostada junto a él,
con los ojos cerrados y tu hermoso cuerpo
que aún contiene el aroma del baño de rosas...
Él sólo quiere verte dormir.
Que recuestes tu cabeza sobre su pecho y que
dejes que tu cálido aliento respire fuego en su alma.
No creo que sepas lo bien que se siente él
de simplemente estar allí...
para verte dormir.

Amor Real Y
Pasión Verdadera

Ella necesita amor real y pasión verdadera.
El tipo de amor y pasión
que va más allá de lo que su mente
y su cuerpo pueden imaginar...
Eso es lo que necesita.
Verás,
ella necesita sentir la sensación
del calor interno de un hombre fuerte,
que arda tan fuerte en el fondo de su alma,
en un lugar donde sólo el cielo y la tierra se pueden
reunir...
Eso es lo que necesita.
Ella necesita a un hombre atrevido con fuego y pasión,
uno que cree en tomar el control
y que no cree en hacer preguntas...
Eso es lo que ella necesita.

No Intimidado Por Su Sexualidad

Ella necesita a un hombre que no se sienta intimidado
por su sexualidad.
Un hombre que no tenga miedo a explorar sus
fantasías y hacerlas realidad.
Verás, una mujer madura tiene sus propias visiones
y un hombre inseguro puede hacer que se sienta como
si fuera prisionera. Pero un hombre seguro
liberará su mente y su cuerpo;
libre de ser cualquier cosa que ella quiera ser
sin miedo a ser juzgada.
Libre de ser una dama en el día y bicho raro en la
oscuridad,
todo en el nombre del amor...
Eso es lo que ella necesita.

Camina Con Ella

Camina con ella.
Encuentra un lugar íntimo donde el ambiente
sea tan hermoso que nunca pueda ser borrado de su
mente, cuerpo o alma.
Camina con ella y sólo habla.
El poder de caminar y sostener su mano,
junto a un océano inquieto que cuando se desploma
y borra los pasos en la arena es inolvidable.
Sólo camina con ella.
Aprenderás más sobre ella durante esa caminata
que lo que aprenderías al ver mil películas con ella
o al compartir mil comidas con ella.
Aprenderás sobre sus sueños, sus pasiones y los dolores
que ella podría estar escondiendo o no.
Sólo camina con ella.

Cuando El Día Finalmente Haya Terminado

Cuando el día al fin termina,
ella quiere que encuentres el tiempo para cambiar
su forma de ver el mundo.
Ella quiere que bajes las luces, que pongas su canción
favorita y que se sienten allí hablando y riéndose
sobre lo que está sucediendo en su vida.
Ella quiere finalmente quedarse dormida en tus brazos.
Quiere que le quites de la mano la copa de vino,
que te pares y la levantes suavemente,
y que la lleves a una tierra lejana,
donde las camas están hechas de oro y los suelos
están hechos de arena.
Verás, no es tan difícil entender que
al final del día, lo único que ella quiere es pasar ese
tiempo de calidad contigo, su hombre..

"Llévala a un lugar donde nunca haya estado;
muéstrale algo que nunca haya visto,
y hazla sentir como nunca se ha sentido".

-Mr. Amari Soul

Parte IV
Mi Colección Privada

CAPÍTULO
Veinticuatro
PENSAMIENTOS PERSONALES

Tú Mereces Algo Mejor Que Yo

Cuando yo te miro,
aún veo todo el dolor que te hice pasar.
El maquillaje en tus ojos no puede esconder el dolor
que sientes por dentro... yo lo sé.
Si yo pudiera cambiar el pasado, lo haría.
Si yo pudiera deshacerlo todo, lo haría.
Tú mereces algo mucho mejor que yo.

Todas tus amigas decían que yo estaba equivocado
al darte falsas esperanzas, pretendiendo estar listo
para comprometerme, cuando en el fondo sabía
que aún creía en otras tonterías.
Yo era un hombre joven jugando un juego de niños,
algo tan egoísta...
Tú mereces algo mucho mejor que yo.

Si yo fuera tú, estaría empacando mis cosas para tirarlas en
medio de la calle.
Lo hubiera hecho en un instante
porque tú mereces algo mucho mejor que yo.

Cómo justificaba en mi mente
estar fuera toda la noche.
Me decía a mí mismo: "Yo soy el hombre"
y se suponía que eso hacía que las cosas estuvieran bien.
Mientras tú esperabas fielmente que llegara a casa,
yo estaba en la cama de ella haciendo el mal...
Tú mereces algo mucho mejor que yo.

Entonces hoy me disculpo
Por todas esas noches en que no pudiste dormir.
Creo que no puedo enojarme al verte con él en las calles
porque finalmente encontraste algo mejor que yo.

Ella Lo Sabe Y Ahora Yo Lo Sé

Ella sabe qué se siente ser engañada,
sentir ese dolor en el pecho que hace
que sea difícil para ella respirar.
Ella sabe qué se siente tener un nudo en el estómago
que hace que sea difícil comer... ella sabe.
Ella sabe qué se siente llorar hasta quedarse dormida,
sabe qué se siente querer encerrarse en su habitación
por semanas... ella lo sabe.
Y después de todos esos años en que fui menos que un
hombre, me duele pensar que,
en alguna parte de mi pasado, ella existió
y se sintió así por mi culpa.

Atado Por Los Límites

Querido amor,
he estado atado por los límites de la mente de un
hombre.
He sido encadenado por los ideales machistas del
tiempo de un hombre.
Y ahora... busco apasionadamente un mejor lugar;
un lugar que está mucho más allá del pasado que no
puede ser olvidado o borrado.
Entonces te pido...
Querido amor, si por casualidad tú tuvieras la llave,
yo sería tu esclavo por siempre,
si tú tan solo me liberaras.

Mis Temores

Como hombre, yo solía hacer cosas
que parecían contraproducentes para que mi relación
no creciera. Yo me alejaba; yo creé problemas donde no
los había y discutía por cosas pequeñas que en realidad
no significaban nada para mí.
Supongo que podrías decir que tú y yo éramos
parecidos de alguna forma. A final de cuentas,
mientras más nos acercamos, más miedo nos daba.
Nunca lo entendí hasta que comencé a escucharte.
Es así como me di cuenta...
Sólo tenía miedo de ser herido como tú lo habías sido.

Quién Soy Yo

¿Quién soy yo?
Sólo soy un caballero en su armadura reluciente:
joven e inquieto, pero sin drama.
Yo soy esa chispa que enciende las llamas,
una que está encendida que arde continuamente
incluso cuando llueve,
dentro de tu mente, cuerpo y alma, aunque lo sé,
que aun los fuegos pequeños pueden perder el control.
Conforme crecemos, ten en mente
que nuestros espíritus se combinan y
tu corazón late al mismo ritmo con el mío,
soy simplemente un hombre en esta tierra
que está intentando dejar una impresión memorable
en las arenas del tiempo...
¿Quién soy yo?

Un Nuevo Día
Una Nueva Oración

*Yo solía rezar y pedirle a Dios que me enviara una
buena mujer,
hasta que me di cuenta de que lo estaba haciendo mal...
entonces lo e cambiado. Ahora, cuando oro, no pido
simplemente que me envíe a una buena mujer: le pido
a Dios que me bendiga con el conocimiento, la
paciencia y la compresión que necesitaré para hacer
que una buena mujer quiera quedarse.*

Mi Ángel

Tuve un sueño anoche.

En mi sueño, una mujer se acercó a mí.

No pude ver su rostro, pero ella tenía las alas más

hermosas que yo haya visto..

Su voz... tan suave y cálida

como una dulce brisa de verano.

Me perdí en su presencia...

Más aún, fui consumido por su esencia.

Esto es lo que ella me dijo: "Al hombre a quien amo: yo

estaría dispuesta a darte las alas de mi espalda si eso te

ayudara a volar. Lo único que te pido es que me ames".

La Carta De Amor
No Escrita

Para mi amor,
tú eres el ser más hermoso
que he visto en toda mi vida.
Ningún sueño se comparará
con la realidad que compartimos
o la pasión de esta noche ala luz de luna.
Ahora, en cuanto a ti, sigue tus sueños
cuando veas que tu visión es clara,
y no te preocupes por la compañía, ya que yo siempre
estaré cerca. Soy tu amigo, de hecho, de quien siempre
puedes depender cuando lo necesites; seré tu aliento
cuando no puedas respirar...
yo seré todo lo que necesites.
En los buenos y en los malos momentos,
en los momentos felices y en los tristes,
aunque algunas veces te haga enojar... seré el mejor
amigo que hayas tenido.

Cumplidos

*Nota para mí mismo... mi mujer no puede
leer mi mente.*

*Ella pasa una hora o más alistándose antes de irnos.
Presta atención a cada detalle, desde los reflejos en su
cabello hasta el color de sus uñas. Veo que está usando
un vestido nuevo y debo admitirlo... me encanta cómo
hace resaltar el color de sus ojos. Sé que esos zapatos son
sus favoritos por la forma en que se para y sonríe frente
al espejo justo antes de que salgamos por la
puerta. También sé que sólo los usa si sabe que no
pasaremos mucho tiempo de pie porque le lastiman los
pies. Pero, debo decir que me encanta la forma en que
le agregan varias pulgadas a su estatura y la forma en
que acentúan los músculos de sus pantorrillas.
Sé que no siempre lo digo, pero lo pienso todo el tiempo.
Entonces hoy digo esto como un recordatorio para mí
mismo y para todos los demás que olvidan este hecho*

importante: nuestras mujeres no pueden leer la mente.
No dejes que pase más de un segundo sin decirle lo hermosa y
maravillosa que es.

Mac O
Maybelline

No es el maquillaje Mac o Maybelline
el que veo en mis sueños,
sino el bello rostro que descansa tras ellos.
No son el delineador o el rubor los que me hacen sentir
como un niño enamorado... eres tú.
Es esa hermosa mujer a quien veo en la mañana,
antes de que hagas todo lo que haces... eres tú.
Cada día usas esa máscara
para que sea vista por el resto del mundo,
pero cada mañana me siento bendecido porque has
guardado tu belleza natural sólo para mí.

Algo A Lo Que No Estás Acostumbrada

Quiero acercarme a escondidas, agarrarte por la cintura y guiarte lentamente hacia mí. Quiero que inclines tu cabeza hacia atrás, que cierres tus ojos y que estés abierta a cualquier cosa que venga a la mente. Verás, no tengo miedo a colorear fuera de las líneas y a cambiar todas las cosas a las que te has acostumbrado. Pensarás que sólo estoy intentando obtener una sola cosa, al igual que los otros hombres, porque eso es algo a lo que estás acostumbrada. Pensarás que estoy intentando deslizar mis manos por tus muslos porque eso es algo a lo que estás acostumbrada. Pero no estoy tratando de obtener una sola cosa, ni estoy intentando deslizar mis manos por tus muslos. Bebé, lo único que quiero es entrar en tu mente porque eso es algo a lo que no estás acostumbrada.

Conozco Tu Secreto

La mayoría de los hombres, si les preguntas cuál es la parte más sensible del cuerpo de una mujer, lo más probable es que la respuesta sea: "Sus senos, su cuello, su oreja o tal vez incluso la parte interna de sus muslos". Yo me he dado cuenta de que no son tus senos, tu cuello, tu oreja o la parte interna de tus muslos... es tu mente. Entonces, si un hombre realmente quiere llevarte a otro nivel, necesitará pasar horas allí antes de siquiera tocarte. En términos simples, no se trata sólo de lo físico: se trata de crear una experiencia emocional que debería llevarte a un lugar donde las pasiones explotan como fuegos artificiales en tu mente, dejándote física y emocionalmente exhausta por el viaje. Algunos podrán estar de acuerdo y otros tal vez no, pero sólo aquellos que han estado allí lo saben en verdad.

Respira

Quiero exhalar tu pasado;
para poder inhalar tu presencia
y respirar vida hacia nuestro futuro.

Tu Misterio

Quiero disfrutar el misterio de no conocerte.
Aprovechar cada oportunidad
emocionante para aprender sobre ti.
Luego, enamorarme con la anticipación
de poder entenderte realmente algún día,
para poder obsesionarme completamente
con la belleza de hacer todas las cosas
que te hacen sonreír.

Mi Historia Favorita

*"No es la portada de un libro
lo que hace que se quede... es la historia".*

*Si tú fueras un libro, yo te describiría como un libro
con una portada muy bella.
Un libro que es tan sexy y único que sobresale entre
todos los demás.
Ahora, eso puede ser suficiente para que yo te recoja y
para que lea detenidamente tus páginas,
porque las relaciones son como un libro abierto,
y la introducción es la primera de varias etapas.
Pero, para ser honesto, yo necesito más que una bella
portada para quedarme contigo.
Necesito enamorarme de tu historia y tienes que
prometer que me incluirás en la secuela.*

A todos ustedes los hombres buenos que están buscando activamente mejorar su relación y que están dedicados realmente a aprender y entender todo lo que hay que saber sobre cómo satisfacer las necesidades emocionales de la mujer de tu vida: mis respetos.

Mis Respetos

Ella ha buscado por mucho tiempo, y no ha sido fácil. La han decepcionado, le han mentido y le han roto el corazón en el camino. Si le preguntas, ella te dirá que casi se había dado por vencida en el amor. Y luego, un día, apareciste tú. Tú le diste aquello por lo que ella había rezado tantas noches: la sensación de ser amada, respetada, retada, apoyada y la seguridad emocional que sólo podría provenir de tu compromiso inquebrantable hacia ella y la relación. Y ahora, ella no sólo cree en el amor verdadero de nuevo, sino que ella cree en ti. Y aunque el viaje ha sido difícil, yo estaría dispuesto a apostar que ella lo haría todo de nuevo si eso la llevara de regreso a tus brazos. Amigo mío, de un hombre a otro, te respeto por ser la excepción y no la regla... por ser un buen hombre para una buena mujer y por cambiar su perspectiva sobre la vida y el amor.

Reconocimientos

Quiero aprovechar esta oportunidad para agradecer primero a Dios por darme la fortaleza y el conocimiento para escribir este libro.

Me gustaría agradecerle a mi madre por ser mi mejor ejemplo de lo que es una buena mujer. Tú siempre has sido y siempre serás mi más grande inspiración. A mi padre, gracias por continuar proporcionándome conocimiento y sabiduría invaluable. Nunca he conocido a otro hombre como tú. Todos tienen un héroe... tú siempre serás el mío.

A toda mi familia y amigos que tuvieron una gran parte en ayudarme a crear este libro: gracias por todo su apoyo y por sus palabras alentadoras. No podría haber hecho esto sin ustedes.

Por último, gracias a mi familia extendida de las redes sociales, en Twitter, Instagram, Facebook y Pinterest. Sus historias me inspiran todos los días a continuar escribiendo, esperando que juntos podamos cambiar el mundo, un corazón a la vez. De nuevo, gracias a todos ustedes.

Por favor, dejen una reseña en el lugar donde compraron el libro.

CPSIA information can be obtained
at www.ICGtesting.com
Printed in the USA
BVHW030416220520
580037BV00009B/9

9 780986 164743